AF311035

CENSURE

DE LA
CONVENTION NATIONALE,

EN V DISCOURS EN VERS,

Suivis de Notes, contenant l'Histoire abrégée de ses factions, de leurs erreurs et de leurs crimes.

PAR L. C. T. R.

Vol. *in-8.º* 1 liv. 10 sous.

SE TROUVE *A Paris,*

Chez
{
De Roi, rue Hautefeuille, au coin de celle des Poitevins.
Joanneau, rue du Coq.
J. Jannet, au Palais Marchand.
Desenne, Palais-Égalité.
}
Libraires.

Et chez tous les marchands de nouveautés.

AN V.

OBSERVATION.

J'AI composé l'ouvrage que je présente ici, au public, quelque tems après la mort du fameux, et beaucoup trop fameux *Robespierre*. J'adressais ces cinq discours à un petit représentant qui avait alors la manie de la célébrité, ou plutôt qui voulait faire quelque peu de bruit, mais qui depuis, mieux avisé, s'efforce, comme tant d'autres, de se faire oublier. J'ai pensé qu'il n'était pas convenable de risquer au grand jour cette production à une époque où le pouvoir suprême était encore dans les mains des hommes dont j'attaquais les fautes et je censurais les vices. En me compromettant inutilement, je manquais mon but ; car j'écrivais pour instruire et non pour me faire traîner au supplice. En saisissant avec ardeur l'occasion d'être utile à mes semblables, j'avoue, de bonne foi, que je ne voulais pas me nuire à moi-même, et m'exposer à une mort à laquelle je n'ai échappé que par miracle, comme on me l'a dit plusieurs fois. D'ailleurs, à l'époque où j'aurais pu faire paraître ces discours, je commençais à voir les persécutés sortir vainqueurs d'une lutte aussi longue que pénible, et devenir à leur tour, persécuteurs : le feu des passions

mal éteint se rallumait dans sa première activité, et la rage des partis nous présageait à
tous, de nouveaux *coups d'état*, je veux dire,
des proscriptions, des assassinats d'autant plus
infâmes qu'ils étaient juridiques, et des massacres
horribles. On sent assez qu'en publiant mon
ouvrage dans une aussi triste circonstance, je
n'aurais fait que présenter de nouvell. s victimes
à des barbares qui ne respiraient que le sang,
la vengeance et la mort. Enfin, le gouvernement
précaire, qui existait alors, était attaqué de toutes
parts ; chacun prévoyait sa ruine prochaine.
N'eût-il pas été indigne à moi d'aggraver, par
le tableau de leurs fautes rendu public, le malheur, même de nos plus grands ennemis, dans le
moment où je les voyais chancelans et presque
renversés par terre ? Aujourd'hui qu'un gouvernement stable et modéré a remplacé un gouvernement révolutionnaire et convulsif, aujourd'hui
que des hommes graves, réfléchis, bien intentionnés ont succédé à des factieux, des conjurateurs et des bourreaux, aucune des raisons
plausibles qui ont retardé la publication de cet
écrit ne subsistant plus, je livre *la censure* à la
censure de quiconque voudra se charger de la
faire. Quelque mal que l'on dise de mes vers et
de ma prose, on ne pourra du moins m'enlever

la douce consolation du motif qui m'a fait entreprendre cet ouvrage. Mon intention, en retraçant
le plus énergiquement qu'il m'a été possible de le
faire, les fautes de la convention et les crimes des
factions qui l'ont déshonorée, a été de nous inspirer la plus profonde horreur pour tout esprit
de parti. En rappelant aux législateurs actuels et
à ceux qui vont leur succéder en partie, les
grands principes et les vérités éternelles qui servent de base à la prospérité des nations et au
bonheur des êtres, je n'ai voulu qu'embraser
le nouveau sénat de l'amour de ses devoirs, de
la patrie et des mœurs ; de ces mœurs, sans lesquelles (on ne saurait trop le répéter) il ne peut
exister ni de liberté, ni de société, ni de gouvernement. Après sept à huit ans de tourmente
sur la mer la plus fertile en naufrages, n'est-il
pas tems d'entrer enfin au port que nous présentent notre sage et bienfaisante constitution de
l'an III, et le gouvernement paternel qu'elle a
si heureusement établi ? Hélas ! le seul espoir
de salut qui nous reste, après tant et de si longs
malheurs, est dans notre attachement inviolable
à notre dernière charte constitunelle, dans
notre soumission aux lois, dans notre amour et
notre respect pour un gouvernement qui doit
nécessairement vouloir le bonheur de tous. Les

hommes ou aveugles ou pervers, qui nous ont fait tant de mal, n'existent plus; ne souffrons pas que le levain de leurs détestables passions fermente plus long-tems dans la tête de certains individus qui croyant, ou feignant de croire qu'opprimer est gouverner, regrettent encore leur affreux règne passé, et brûlent toujours de l'infâme désir de le rétablir, à quelque prix que ce soit. Puissent les nouveaux choix que nous allons faire d'une partie de nos législateurs, gouvernans, magistrats, juges et administrateurs, répondre à l'attente de tous les bons citoyens, de tous les hommes justes, probes, vertueux, les seuls véritables patriotes et républicains. Electeurs! soyez sur vos gardes, éloignez du sanctuaire des loix les ambitieux, les cupides, et sur-tout les êtres immoraux. Eloignez - en encore cette jeunesse enthousiaste, folle, inconsidérée, dont les passions irascibles et haineuses ont failli tout perdre sous le règne de la convention. Donnez - nous pour législateurs des hommes attachés par état autant que par devoir à la chose publique, des hommes qui soient dignes, en effet, d'être les représentans d'une grande nation, par leurs lumières et plus encore par leurs vertus.

DISCOURS PREMIER.

Moins Amant fortuné qu'amoureux des neuf Sœurs, (1)
Tu brûlais de monter au rang des Sénateurs, (2)
Et te voilà porté sur la chaise curule! (3)
Applaudis-toi, Damis : libre de tout scrupule,
En montrant à la France un bâtard d'Apollon, (4)
Changé de mince Horace, en un plat Cicéron, (5)
Ne crains pas les jaloux : le fat, par sa manie,
Excite la pitié sans irriter l'envie :
Grave représentant, formé dans nos boudoirs,
Sais-tu bien à quel prix, chargé de grands pouvoirs,
On achète toujours dans les tems où nous sommes,
Le dangereux honneur de gouverner les hommes?
  Grossi des flots impurs de mille passions, (6)
L'impétueux torrent des révolutions,
Par ses fureurs, au loin, signale son passage.
Qui prétend diriger au plus fort de l'orage,
L'irrésistible cours d'un torrent si fougeux,
En doit connaitre, au moins, les écarts périlleux :
Et jamais bel-esprit, paresseux d'habitude, (7)
Daigna-t-il s'occuper d'une importante étude?
Qui ne sait qu'un Pradon en griffonant ses vers, (8)
En se flattant, par eux, de charmer l'univers,
Croit faire, au seul aspect de sa muse avilie,
Reculer la science et pâlir le génie? (9)
  Dans ces jours où l'on voit le peuple, imprudemment,
S'armer contre les chefs de son gouvernement ; (10)
Dans ces jours désastreux de troubles politiques ;
Loin des brillans emplois et des charges publiques
Pour échapper au sort, contre lui, conjuré,
Heureux qui sous son toit vit, du monde, ignoré! (11)

Il ne craint pas de voir au sein de la tempête,
La foudre, en mille éclats, se briser sur sa tête.
Sous l'égide sacrée et des lois et des mœurs,
Reposant à l'abri des vices corrupteurs,
Il boit, tranquille au port, avec l'oubli des peines,
L'oubli, plus doux cent fois, des vanités humaines !
Au milieu de ces chocs, de ces combats sanglans,
Des peuples soulevés repoussant leurs tyrans,
Ce n'est pas qu'il ne soit digne d'une grande ame,
Que de la liberté le saint amour enflame,
De guider ces héros, qui, vengeurs de nos droits,
Font mordre la poussière aux esclaves des Rois :
Mais pour fondre sur eux, nain faible et ridicule,
Pour saisir sa massue, as-tu le bras d'Hercule ? (12)
Brutus, tout gangrené des vices de Tarquin, (1)
Eût-il fait admirer ce fier républicain,
Qui changeant tout-à-coup la face de l'empire,
Par les hautes vertus qu'aux Romains il inspire, (14)
Au bout de trois mille ans vient encore aujourd'hui,
De vénération nous pénétrer pour lui ?
Qui jamais ne saurait, tel que lui magnanime,
De l'aigle audacieux prendre l'essor sublime,
Qui jamais de son vol ne saurait s'élever,
N'est fait que pour nous perdre et non pour nous sauver.
Au À l'époque où le peuple exerce par lui-même
Ses droits de souverain et son pouvoir suprême, (15)
Brûlant en ta faveur de fixer notre choix,
Lorsque tu viens briguer et mendier nos voix,
Qu'ambitionnes-tu ? le frivole avantage,
Et de jouer un rôle et d'être un personnage,
Ou Sybarite avare et rimeur fainéant,
Peut-être ne vois-tu dans ce poste éminent
D'un état sans labeur, que l'utile finance : (16)
Tu convoites dès — lors cette heureuse opulence,
Qui seule du travail pouvant te dispenser,
Dans un honteux loisir suffit pour t'engraisser.

Quelque

(3)

Quelque soit le motif qui te guide et te presse
Qu'il me découvre en toi d'orgueil et de bassesse!
    Jaloux du plus haut rang , devrais-tu débuter
Par te montrer, Damis, indigne d'y monter?
Tout citoyen , dis-tu , se doit à la patrie ;
Il lui doit ses talens, son bras et son génie ,
Il n'est grand , ou jamais ne peut le devenir ,
Que par le zéle ardent qu'il met à la servir.
Et qui donc la sert mieux ou de l'homme modeste ,
Ou de l'homme emporté , qu'un esprit trop funeste ,
Dans l'art des Marius , a , dès l'enfance , instruit ?
Caton eût sauvé Rome , et César l'a détruit , (17)
Toi qui vas de nos lois déshonorer le temple ,
En prenant Marius ou César pour exemple ,
Sans pouvoir assouvir ta folle ambition ,
Veux-tu nous embraser , moderne Phaeton ? (18)
Auprès du Capitole , ici qu'il t'en souvienne , (19)
Un dieu vengeur plaça la roche Tarpeïenne.
En descendant de l'un , combien de fois l'orgueil ,
Précipité de l'autre , a trouvé le cercueil !
Mais laissons-là , Damis , Rome et son Capitole ,
Puisqu'aussi bien Paris nous ouvre une autre école.
    Au bout de ce jardin , par *le Nôtre* planté , (20)
Regarde cette place où de la Liberté (21)
Le peuple triomphant fit élever l'image ,
Viens : c'est là qu'il te faut interroger en sage
L'ombre triste , plaintive et les mânes sanglans
De ces hommes trop tard , instruits à leurs dépens (22)
Ils ont , ainsi que toi , dans leur audace extrême ,
Prétendu s'arroger la puissance suprême ,
Ils ont à leurs égaux , voulu dicter des lois :
Cent autres intrigans leur disputant ces droits
Soudain éclate entr'eux cette exécrable guerre ;
Où le rusé *Brissot* , le fourbe *Robespierre* , (23)
L'un et l'autre rivaux brûlans de se venger ,
De la France , en péril , redoublent le danger.

B

Elle voit, dès ce jour, sappés à leur naissance,
Crouler les fondemens de son indépendance;
Et son esprit public tomber anéanti
Sous les coups meurtriers de l'esprit de parti. (24)
Le sénat, avec elle, entraîné dans l'abime,
Loin d'oser déployer un courage sublime,
Loin d'oser s'arracher au poignard assassin
Des brigands furieux qui déchirent son sein,
Le sénat sans vertu, sans dignité, sans gloire
Cède à ses égorgeurs une lâche victoire,
Il se perd, il n'est plus..... de son temple sacré,
Un monstre rugissant déjà s'est emparé, (25)
Il y règne ! aussi-tôt ce temple ne présente,
Qu'un infâme champ-clos, une arène sanglante,
Où l'œil n'est plus frappé que des tableaux hideux
Qui souillent l'antre impur des plus vils factieux !
A leurs cris forcenés que la foudre accompagne,
S'élève en mugissant la terrible *montagne* (26)
Qui de sa masse entière écrasant *le marais*,
Verse des flots de sang pour tracer ses décrets!

Ah ! qui rendra l'espoir à mon ame flétrie !
C'en est donc fait, ô ciel, je n'ai plus de patrie!
Son amour qui s'éteint au milieu des horreurs
Qu'enfantent des partis les coupables fureurs,
Cède à l'ardente soif de l'horrible vengeance,
Qui dévore en tous lieux les enfans de la France,
En tous lieux nos *meneurs*, individus brutaux, (27)
Nés pour l'affreux métier des plus affreux bourreaux,
Sous mille absurdes noms désignent leurs victimes. (27)

O le plus effrayant des plus énormes crimes!
Proscrits comme supports de la défunte Cour, (28)
Vingt nouveaux sénateurs condamnés chaque jour,
Expirent sous les coups de leurs cruels collègues !
Sophismes captieux, que toi seul nous allègues,
Détestable parti, complice des tyrans, (29)
Comment avez-vous pu nous tromper si long-tems ?.....

(5)

Mais *Brissot* fut coupable ; et que fut *Robespierre* ?
Un farouche pédant qui , né sans caractère ,
Sous le modeste nom d'un humble sénateur ,
Cachait l'ambition d'un altier dictateur.
Dieux ! par quel art étrange , et par quelle magie ;
Cet homme sans couleur , sans physionomie ,
A-t-il , pendant quatre ans , ébloui les français ?
Ou pourquoi le sénat consacrant ses excès , (3o)
Et du cachet des lois , scellant tous ses caprices ,
Sur son pouvoir tranchant ses fureurs et ses vices ;
Pendant quatre ans , lui-même a-t-il fermé les yeux ?
Ne connaissait-il pas ce sophiste odieux ,
Eternel délateur , dépouillé d'énergie ,
Qui , fier d'en imposer par son hypocrisie ,
Osait , en son orgueil , se croire au moins l'égal ,
De l'immortel auteur du Contrat-Social !

N O T E S

Sur le Discours premier.

(1) Personne n'ignore que *l'Amant* est toujours le personnage favorisé , et *l'amoureux* le personnage éconduit.

Les *neufs sœurs* ou les *Muses* , Déesses des sciences
et des arts , selon la fable , les poëtes les font tantôt filles
de Jupiter et de Mnemosyne , Déesse de la mémoire ,
tantôt ils leur donnent Apollon pour père. Homère et Hésiode
comptent neuf Muses , savoir : *Clio* qui préside à l'histoire , *Melpoméne* à la tragédie , *Thalie* à la comédie ,
Euterpe à la musique des instrumens à vent , *Terpsichore*
à la musique des instrumens à corde , *Erato* à la musique
et à la poësie lyrique , *Calliope* à la poësie épique , *Uranie*
à l'astronomie , et *Polymnie* à la danse; d'autres disent
à la rhétorique. Cependant elle est plus communémen

regardée comme la Déesse des bals et des ballets : aussi *l'opéra* l'a-t-il choisie pour sa patrone.

(2) *Sénateur*, est un citoyen élu par le peuple, pour être membre du conseil souverain d'une République. Il y avait des Sénateurs à Sparte, à Athènes et à Rome. Lycurgue composa son Sénat de vingt-huit Senateurs et de deux Rois, en tout trente personnes. Pour être élu, il fallait avoir mené une vie irreprochable, s'être distingué autant par sa sagesse que par son courage, et avoir au moins 60 ans. Si nous avions pris jusqu'à ce jour de si sages mesures pour bases de nos elections, que nous nous serions épargne de maux et de sang ! Il y avoit deux Sénats à Athènes ; le plus éminent était *l'Aréopage*, dont nous aurons occasion de parler plus au long par la suite. Le 2ᵉ Sénat était celui des cinq cents. Les membres s'appelaient *Prytanes*, parce qu'ils s'assemblaient dans une place publique d'Athènes appelée *le Prytanée*.

Romulus, fondateur de la ville de Rome, choisit cent Sénateurs pour la gouverner, lorsque la guerre le forçait de s'en éloigner. Ces cent hommes furent nommés *Sénateurs* ou *Pères*, par respect pour leur âge, leur mérite et à cause de l'affection qu'on avoit pour eux. Avant la révolution, on appelait encore en France certaines personnes de distinction *Sénieurs*, (*Seniores*) ; et de ce mot *Seniores* est dérivé le mot *senatores*, *les sénateurs*, qui, dans tous les anciens Sénats, furent d'abord des citoyens avancés en âge. Le Sénat romain ne fut composé que de trois cents membres jusqu'au tems du dictateur Sylla ; après sa mort leur nombre s'élevait à quatre cents. Les Triumvirs le firent monter à neuf cents et même à mille. Auguste, après avoir triomphé de tous ses rivaux, et être resté le maître du monde, ne tarda pas à réduire le nombre des Sénateurs à six cents. La place de Sénateur était à vie, mais une action indigne d'un personnage de ce rang l'en faisait aussi-tôt dépouiller.

(3) *La chaise curule* était chez les Romains un siège

d'ivoire ,pliant et sans dossier , plus élevé que les sièges ordinaires. Son usage n'appartenait qu'aux premiers magistrats
de la République , tels que les Dictateurs , les Consuls , les
Sénateurs , les Censeurs et les grands Ediles. Ils s'en ser-
vaient non seulemen tchez eux , mais par-tout où ils allaient,
au Sénat, à la place publique , au temple , au théâtre ,
même chez les particuliers. Cette chaise les suivait à
l'armée ; on la plaçait sur les chars de triomphe ; enfin
elle était un des principaux ornemens de la souveraine
magistrature. Les Sénateurs conservaient toute leur vie
le droit de s'en servir.

(4) *Apollon* , Dieu de la fable , fils de Jupiter et de
Latone. Cicéron ,dans son traité *de la nature des Dieux* ,
parle de quatre Apollons. On attribue à celui-ci les actions
merveilleuses des trois autres. Les poëtes qui l'ont
adopté pour leur père et leur Dieu, le font inventeur
dès beaux arts, tel que la poësie, la musique, la
peinture , etc.

(5) *Quintus-Horatius-Flaccus*. Horace est le premier
des Poëtes latins dans le genre lyrique , et le plus judicieux critique de son siècle. Il fleurissait sous Auguste ,
qui , à l'exemple de Mécène, son premier ministre, avait
pour lui une estime particulière , et le comblait de bienfaits.
Suivant l'histoire , Horace, qui vécut au milieu des révolutions de son tems , épousa tous les partis et les sacrifia
tous à sa fortune. Il fut républicain, puisqu'il combattit
pendant quelque tems sous les enseignes de *Brutus* et
de *Cassius* qui tenaient pour la république ; il se fit
bientôt après royaliste ou aristocrate en devenant le pro-
tégé d'Auguste et son louangeur éternel. Horace était lié
d'amitié avec tous les grands hommes de son siècle , et par-
ticuliérement avec Virgile, son contemporain. Preuve sans
réplique, que les vrais , que les grands talens ne sont point
ennemis nés les uns des autres , comme certains beaux
esprits affectent de le croire et de le répéter. La médio-

crité seule est jalouse ; seule elle est sujette à toutes les fureurs de l'envie.

Marcus-Tullius-Cicero ! Ciceron , est sans contredit le plus grand des orateurs romains. Son mérite seul l'éleva aux premières dignités de la République. Ayant été élu consul, il découvre , pendant l'année de sa magistrature, la conjuraration de Catilina , et obtient pour récompense d'un service aussi important , le glorieux surnom de *père de la patrie* : après la mort de l'usurpateur César et du grand Pompée, son concurrent , Cicéron embrasse le parti d'Octave et le sert de tout son pouvoir. Au bout de quelque tems se forme l'association monstrueuse *d'Antoine* , de *Lépide* et *d'Octave* , connue sous le nom de *Triumvirat.* Le traité que font entr'eux ces trois compétiteurs roule sur trois articles principaux ; il porte 1º que l'Empire Romain sera divisé en trois gouvernemens pendant l'espace de cinq ans. La Grèce et l'Asie tombent sous la domination *d'Antoine.* *Lépide* se voit maitre de l'Afrique ; l'Italie , les Gaules , la Germanie, l'Espagne , etc. , deviennent la portion *d'Octave.* Après l'intérêt marche la vengeance ; elle est l'objet du 2ᵉ. article qui suit. Il est arrété qu'on fera massacrer les principaux citoyens de Rome trop prononcés en faveur de la liberté. Cet article est presque aussi-tôt exécuté que conçu. Trois cents sénateurs sont massacrés ; Rome se noye dans les larmes et dans le sang. A la vengeance générale succèdent les vengeances personnelles qui sont l'objet du 3ᵉ et dernier article. Il y est dit que chacun des *Triumvirs* aura la liberté pleine et entière de se venger de ses ennemis particuliers. Chacun des trois monstres s'engage par serment à faire tomber sous le fer des assassins toutes les victimes qu'il plaira à l'un des trois d'immoler. En exécution de cet article, *Antoine* livre le frère de son père à la fureur de *Lépide* ; celui-ci abandonne son frère à la cruauté *d'Octave* qui , après avoir appellé autre-fois Cicéron son père, le livre à la rage *d'Antoine* , dans l'intention de s'en faire un partisan.

Bel exemple pour les imprudens et les aveugles qui dans une révolution s'attachent à des *meneurs*, à des chefs de partis, se flattant de trouver en eux des protecteurs et des amis. N'avons-nous pas vu poursuivre en dernier lieu parmi nous les créatures des *Couthon*, *St.-Just*, *Dumas*, *Robespierre*! Qui oserait nous soutenir, qu'à l'exemple des Triumvirs Romains, nos chefs de factions devenus tout aussi puissans, ne se sacrifiaient pas mutuellement leurs ennemis respectifs? Qui a empêché *Couthon* de livrer à *Collot* vingt, trente, cent lyonnais, pour obtenir de lui, en échange, un pareil nombre de parisiens ou autres? En révolution les hommes sont la monnaie de ceux qui gouvernent; et les chefs de parti qui triomphent se vendent toujours entr'eux le sang des malheureux qu'ils proscrivent.

(6) Ce sont les passions et les vices des dépositaires de l'autorité, (connus sous le noms de Rois, d'Empereurs, de Consuls, de Sénateurs, etc., etc.,) qui, tôt ou tard, amènent ces grandes révolutions qui bouleversent les états et changent la face des empires. *T. Morus, au premier livre de son Utopie.* La tyrannie des rois de Sparte et d'Athènes change ces deux monarchies en républiques. Les crimes de Tarquin font abolir la royauté à Rome; les fureurs de la maison d'Autriche appellent les Suisses à la liberté; le fanatisme des Espagnols, crée la puissance des Hollandais; et la faiblesse criminelle du dernier *Louis*, enfante la république française. Princes, rois, empereurs, sénateurs, directeurs, quelque nom que vous portiez; ô vous! qui gouvernez vos semblables, soyez justes, soyez bienfaisans : votre puissance sans bornes sera, pour ainsi dire, inattaquable. Le peuple qui vous aimera vous défendera en toute occasion. Il n'aspire pas à gouverner, ce peuple; mais il veut être bien gouverné : et certes il a raison.

(7) On sait que la paresse, la *douce l'aimable* paresse, ainsi que ces *messieurs* l'appellent, est la divinité favorite des fats, des beaux esprits, de tous les *Damis*. Et ces gens là ont la fureur de vouloir siéger an rang des légis-

lateurs , c'est-à-dire de vouloir , exercer un état dont les
fonctions sublimes, mais pénibles, exigent plus de vingt-
quatre heures de travail par jour ! quel crime énorme commet
donc à chaque minute un représentant du Peuple qui
enseveli dans son honteuse ignorance, ne s'ocupe que du
soin de chanter sans cesse sa *chère*, *sa douce et aimable*
paresse.

(8) N. *Pradon*, rimeur français, moins connu par ses
ouvrages que par les ridicules, dont Boileau l'a couvert dans
ses satyres. Ce *Pradon*, le plus inepte des hommes, le
plus détestable rimailleur de son espèce , osa cependant
entrer en lice avec Racine et lui disputer la palme de
l'art tragique et de la poësie : c'étoit le Ciron qui voulait
s'égaler à l'Eléphant. Au surplus , ce maitre *Pradon* était
à l'exemple de ses confrères, si ignorant, que le *grand
Condé* lui ayant un jour observé qu'il avait transporté
une ville d'Asie en Europe : *j'en demande pardon à
votre altesse* , répondit notre ignare, *mais je ne suis pas
fort sur la Chronologie*.

(9) On sait que la plûpart des poëtes sont tellement
engoués de leurs vers et de la rime en général, qu'ils se font
gloire, en quelque sorte, de ne connaitre rien au-delà. J'en
pourrais, au besoin, citer mille exemples ; mais pourquoi
perdre son tems et son papier à prouver, par des faits, ce
que tout le monde sait autant et plus que moi ? Il me suf-
fira d'ajouter au trait de *Pradon* celui de *Boileau*, son
sévère censeur. Ce judicieux critique, cet ingénieux poëte
avouait franchement qu'il ne savait bien que deux choses ;
la première, de tourner de bons vers ; la deuxième, d'abattre, d'un seul coup, tout un jeu de quilles. Qu'aurait fait
Boileau, s'il eût été législateur ? ce que font certains
des nôtres : il aurait, tout aussi bien qu'eux, joué la
pantomime.

(10) Quelque soit le gouvernement d'un Peuple, c'est
toujours un grand malheur pour lui que de s'insurger contre
ceux que le droit de la naissance, ou son propre choix a
placé

placés à la téte de ce gouvernement. Lisez attentivement l'histoire de toutes les révolutions anciennes ou modernes, et vous serez convaincu que rarement le peuple a gagné à les faire, et que souvent il a rendu sa condition pire qu'elle n'était avant le changement. Les spéculateurs, les intrigans, les ambitieux se servent du peuple pour parvenir à leurs fins ; leurs passions détestables sont-elles assouvies ? nos fripons politiques l'abandonnent, le méprisent, le foulent à leurs pieds et finissent par le réduire au plus misérable de tous les états. Quel bien nous ont fait tous ces infâmes louangeurs, tous ces panégyristes déhontés de nos soi-disant *vénérables Sans-Culottes ?* Ils ont escamoté leur or, ces habiles charlatans, ils s'en sont gorgés ; aujourd'hui ils les couvrent de boue et les écrasent ! Le sage auteur du *Manuel des Souverains* a donc raison de donner à tous les peuples le conseil qui suit : « Si votre « gouvernement est bon, il est de votre plus grand inté- « rét, non-seulement d'y rester attachés, mais encore de « le chérir : s'il est mauvais, c'est-à-dire, s'il présente de « grands abus et de grands vices, vous n'êtes pas moins « intéressés à le respecter ; car il est au moins douteux « qu'un changement, toujours terrible dans ses diverses cir- « constances, puisse vous procurer un état meilleur ». Cette opinion est celle de tous les écrivains célèbres qui ont traité cette importante matière.

(11) J'espère qu'on ne me fera pas un crime de cette espèce d'indifférence. Au surplus, j'aime mieux qu'on m'accuse d'être un insouciant qu'un ambitieux. Les tems d'orages politiques, dit le philosophe *Thomas*, dans son éloge de d'Aguesseau, sont des tems de silence et de retraite pour les sages. Il s'en faut bien que j'aie la vanité ridicule de me donner pour tel, mais j'avoue que mon ambition se borne à le devenir, s'il m'est possible. Au surplus, le sentiment que j'énonce ici, n'est pas une hypocrite modestie de ma part, ce n'est qu'une preuve de la conviction que j'ai malheureusement acquise de mon incapacité et de mon défaut de talens.

(12) *Hercule*, fils de Jupiter et d'Alcmene, femme d'Amphitrion, fameux général Thébain. Hercule est fort célèbre dans l'Antiquité par les douze travaux ou épreuves que l'oracle lui imposa, travaux dont il sortit vainqueur et couvert de gloire. Toute sa vie n'est qu'un tissu de prodiges, de miracles, d'actions plus éclatantes les unes que les autres. Aucun monstre ne lui échappe : les tyrans, qui sont la pire engeance de tous, tombent pêle-mêle sous les coups de sa terrible massue. Après en avoir purgé la terre, ce héros se brûle lui-même. Les poëtes ajoutent que son père Jupiter, lui ayant accordé les honneurs de l'immortalité, lui fit épouser *Hébé*, déesse de la jeunesse.

(13) *Lucius Junius* était fils de *Marcus Junius*, et d'une sœur de *Tarquin le superbe*, dernier roi des Romains. *Lucius* prévoyant de bonne heure ce qu'il avait à craindre de ce farouche despote qui avait fait mourir *Marcus*, son père, ainsi que son frère, contrefait l'insensé, bien déterminé à saisir la première occasion qu'il pourra trouver de venger la mort de l'un et de l'autre. C'est cette stupidité apparente qui lui fait donner le nom de *Brutus*. Lucrèce, violée par *Sextus*, fils aîné de Tarquin, s'étant donné la mort, *Brutus* croit trouver dans cette action d'éclat l'occasion qu'il cherchait. Il fait exposer aux yeux du peuple le corps sanglant de Lucrèce, et harangue l'assemblée avec tant de véhémence, que ce peuple le prenant soudain pour un inspiré, crie tout-à-la-fois *miracle* et *liberté :* en un instant Tarquin est détrôné, expulsé ; et la monarchie changée en république, deux cent quarante ans environ après la fondation de Rome. *Brutus* est fait consul avec *Collatin*, époux de Lucrèce : il ne jouit pas long-tems de sa dignité. Ayant attaqué dans un combat *Aruns*, l'un des fils de Tarquin, ils se chargent avec tant de furie l'un et l'autre, que tous deux, percés en même-tems, tombent morts sur la place. Quelque tems auparavant les deux fils de *Brutus* ayant conspiré avec plusieurs autres pour rétablir la royauté ; ce père inexorable, les condamne lui-même au dernier supplice, et leur fait trancher la tête en sa présence, laissant ainsi à la postérité un grand exemple de cette inflexible sévérité républicaine, qui, aux yeux de nos républicains modernes, ne passe que pour un acte de férocité. Mais est-ce à des *républico-royalistes*, est-ce aux vils esclaves de tous les vices des Cours à juger de l'action d'une ame fière et courageuse, d'une ame toute brûlante d'amour pour son pays, pour la liberté et pour la vertu, sans laquelle la patrie et la liberté ne peuvent existe ?

Tarquin le superbe, ainsi surnommé à cause de son orgueil excessif, était le septième roi des Romains et proche parent de *Tarquin l'ancien*. Il avait épousé *Tullia*, fille du roi *Servius Tullius*, sixième roi. *Tarquin* dans l'impatience de régner, fait assassiner son beau-père et usurpe son trône. Le premier il introduit dans Rome l'usage, inconnu jusqu'alors, de l'exil et des tortures. La cruauté inouie avec laquelle il traite les nobles, les sénateurs et le peuple lui-même, le soulève tout entier contre lui ; mais l'adroit tyran vient à bout de le contenir et de river ses fers jusqu'à l'époque de son expulsion. Toutes ses tentatives, pour remonter sur un trône qu'il avait souillié de crimes, sont inutiles ; le génie de Rome l'emporte : elle reste en république : mais Rome avait alors des vertus, de grandes vertus, elle méritait de jouir de la liberté, elle était digne du plus beau des gouvernemens. Elle n'eut pas plutôt échangé toutes ses vertus contre des vices, qu'elle fut de nouveau subjuguée par des maîtres, et redevint esclave. Peuples ! c'est par le courage qu'on acquiert la liberté' mais on ne peut la conserver que par des mœurs et des vertus. Tremblez, Français ! tremblez ou régénérez-vous.

(14) Rome compte sept rois dans l'espace de deux cents quarante ans. Après l'expulsion de *Tarquin le superbe*, s'élève la république, qui subsiste pendant cinq cents ans environ. La durée de l'empire, jusqu'à la mort de Cons-

tantin , qui le partage entre ses enfans , est de trois siècles
et demi , quelques années plus ou moins. Ce n'est pas que
bien des auteurs ne lui donnent une plus longue durée ;
mais comme cet empire , qui embrassait presque tout le
monde connu alors , se divisa en empire d'Orient et en celui
d'Occident ; à proprement parler , l'empire Romain , fondé
par *Caïus César* , ou par *Octave César* , surnommé *Auguste* , cessa de subsister dès que cette division fût faite.

(15) *Les assemblées primaires* , l'heureuse et sage
constitution de l'an III , les fixe au premier germinal de
chaque année. Elles se réunissent , 1°. pour accepter ou
rejetter les changemens à l'acte constitutionnel proposés
par les *assemblées de révision* ; 2°. pour faire les élections
qui leur appartiennent suivant ce même acte. Tout ce qui
se fait dans une assemblée primaire au-delà de l'objet de sa
convocation , est nul. Tout citoyen , ayant les qualités requises par la loi , a droit de voter dans ces assemblées souveraines. Puissent celles qui vont se former dans quelques jours , se réunir sous les heureux auspices de cet
esprit de paix , de justice et modération qui doit distinguer un peuple libre et vraiment digne de l'être !

(16) Je rougis de le dire , mais c'est un aveu que m'arrache la vérité ; et je dois d'autant moins le taire , que
la censure d'un vice aussi honteux que la paresse , doit servir
à en corriger ceux qui en sont coupables. Je dis donc qu'il
est des représentans qui ne se croyent membres du corps
législatif que par forme de complément. On peut leur appliquer ce vers d'Horace :

Nos numerus sumus et fruges consumere nati :

Nous ne sommes ici , que pour faire nombre , pour y palper nos honoraires et, du reste, pour manger , boire, dormir
et prendre du bon tems. C'est au rang de ces fainéans que
figure mon héros : il semble avoir pris lui-même pour devise
ce vers parodié de Voltaire.

Et dans sept cents , enfin , je forme un des zéros : quel genre de vie ! n'est-il pas indigne d'un législateur ? et n'est-ce pas, ici, le cas de lui dire, avec Boileau ?

Soyez plutôt maçon, si c'est votre métier :

Paresseux ! toi, te charger de mon bonheur ! toi, prétendre travailler, aux dépens de toutes tes facultés morales et physiques , à la félicité du peuple ! quelle abominable fausseté de ta part ! Tu ne sais donc pas, vil égoïste , infâme pourceau d'Epicure, que s'il est un seul malheureux dans la République, que s'il y coule une seule larme , j'ai droit de m'en prendre à toi et d'en demander justice à ton siècle et à la postérité ? N'es-tu représentant que pour ton intérêt personnel, que pour ton plaisir ? Est-ce au jeu , à la comédie, au bal, que tu fais gravement les affaires de la nation ? Pourquoi t'es-tu offert pour porter un fardeau auquel tu crains de toucher même du bout du doigt ? N'est-il pas juste que je t'adresse, ici, les mêmes paroles qu'adressait à *Philippe de Macédoine ,* cette femme que rebutait le despote : *descends de ton trône puisque tu ne veux pas me juger.* Et toi, législateur, abandonne ta chaise curule puisque tu ne sais, ou que tu ne veux pas remplir tes sublimes fonctions avec la dignité , le zèle, le courage et l'énergie qu'elles exigent. (J'aurai occasion de m'étendre sur cet article dans un de mes discours suivans.)

(17) *Caton ,* surnommé d'*Utique ,* (ville d'Afrique et lieu de sa mort) était arrière-petit-fils de l'illustre *Marcus Portius Caton ,* surnommé *le Censeur :* il fut élevé chez *Livius Drusus ,* son oncle, et il fit paraître tant de courage, dès sa plus tendre jeunesse , qu'à peine âgé de treize à quatorze ans il demandoit une épée à tout le monde pour tuer, disait-il, de sa propre main , le tyran *Sylla.* *Caton* fit une profonde étude de la philosophie et s'attacha à la secte des Stoïciens, où il puisa cette grandeur, cette fermeté d'ame dont il ne cessa de donner des preuves dans tout le cours de sa vie. Après avoir fait la guerre des esclaves révoltés sous *Spartacus* , il va commander , en personne , un corps de troupes dans la Macédoine. A son retour il est fait questeur, et lui-même demande la dignité de Tribun, exprès pour empêcher un méchant homme de l'obtenir. Il seconde de tout son pouvoir Cicéron dans sa vigoureuse poursuite contre Catilina, et ne cesse de se montrer, dans le Sénat, l'implacable ennemi de César, qui le redoutait d'autant plus , qu'il connaissait sa probité sévère, et son ardent amour pour la liberté. Caton fait cependant tous ses efforts pour l'accorder avec Pompée, mais n'ayant pu y réussir, il suit le parti de ce dernier qu'il regarde comme le véritable défenseur de la république. Enfin , après la bataille de Pharsale , qui décide de l'empire du monde, entre ces deux concurrens , et après la mort de Pompée, *Caton* se retire à Utique, où il apprend que César le poursuit; il conseille à tous ses amis de se mettre à couvert par la fuite, et à son fils d'avoir recours à la clémence du vainqueur. Il se met ensuite sur son lit, fait deux lectures du traité *de l'Immortalité de l'Ame* par *Platon* , et se donne un coup de poignard , dont il meurt à l'âge de quarante-huit ans. Exemple admirable de courage et de fermeté , qu'on aurait peine à croire, si plusieurs victimes honorables de la révolution , ou plutôt des malheureuses factions qu'elle a produites , n'avaient renouvelé, presque sous nos yeux , le dernier trait de la vie du sage Caton. En lui , dit un grand homme, on vit descendre au tombeau le dernier des Romains.

Caius Julius César , était fils de *Lucius Julius César* et d'*Aurélie.* Sylla voulait le faire mourir ; mais il le laissa vivre à la sollicitation de ses amis , en leur disant : *cet ambitieux , dont les intérêts vous sont si chers , ruinera un jour la république.* Après avoir porté pendant quelque tems les armes en Asie, César se rend à Rhodes pour y étudier sous le célèbre *Molon ;* mais il est pris dans sa traversée par des pirates. Dès qu'il a recouvré sa liberté, il fait une si rude chasse à ces écumeurs de mer, qu'il les prend tous et les fait pendre. Il parvient successivement aux charges de Tribun militaire, de Questeur, d'Edile, de Souverain Pontife, de Préteur et de Gouverneur d'Espagne. Étant à Cadix, il y voit une statue d'Alexandre et verse des larmes en s'écriant : *je n'ai encore rien fait de remarquable, et, à mon âge Alexandre avait déjà conquis l'univers !* De retour à Rome, César est nommé consul avec *Bibulus*, qu'il fait expulser, parce que celui-ci s'oppose à la loi agraire, que son collègue vouloit mettre en vigueur, sans doute pour capter la faveur populaire. Pendant son Consulat, César fort de l'appui de *Pison*, son beau-père, et de *Pompée*, son gendre, obteint le gouvernement des Gaules. Il subjugue les Gaulois, défait les Germains et soumet les peuples de la Grande-Bretagne. *Julie*, sa fille, femme de Pompée, étant morte, toute intelligence entre lui et son gendre est aussi tôt détruite, l'un ne pouvant supporter un maitre, et l'autre ne voulant pas d'égal. César, resté vainqueur dans cette lutte mémorable, porte ses armes contre les ennemis de Rome : après les avoir défaits et soumis, il revient dans la Capitale du monde, où il triomphe pendant quatre jours consécutifs ; il est ensuite élu Dictateur perpétuel, c'est-à-dire *Roi*, sous un autre nom; car il n'osa jamais prendre celui de monarque, quoique *Marc-Antoine* et ses autres courtisans voulussent en quelque sorte l'y contraindre. Quelques historiens racontent même à ce sujet une anecdote qui trouve ici sa place. Un jour qu'on célébrait la fête des *Lupercales*, (fête fort célèbre à Rome en l'honneur de *Pan*) *Marc-Antoine*, assis à table à côté de César, prend une couronne et veut absolument la lui poser sur la tête. César a beau s'en défendre, il finit par se préter à la fantaisie de ses courtisans. Les ennemis jurés du Dictateur ne tardent pas à être informés de l'aventure, ce qui fait avancer la mort de *César* ; dans la même année il est assassiné, en plein Sénat, de vingt-trois coups de poignard. Les principaux conjurés sont : *Marcus Brutus, Marcus Spurio, Caïus Crassus, Caïus Casca, Attilius Cimber,*

Caïus Cassius, ce dernier disait à l'un de ses complices : *frappe quand ce devroit être au travers de mon corps.* *César* ayant apperçu, parmi ses meurtriers, *Brutus*, pour qui il avait une amitié toute particulière, ne put s'empêcher, en expirant, de lui reprocher son ingratitude par ce peu de mots si expressifs : *tu quoque, mi Brute !* Quoi ! *Brutus*, que j'aime tant, est aussi mon assassin !

(18) *Phaeton*, fils du soleil, obtient de lui, par importunité, la permission de conduire son char pendant une seule journée : (et ce char est peut-être moins difficile à diriger que celui d'une révolution). Notre jeune imprudent, ignorant la route qu'il devait tenir, laisse flotter les rênes sur le dos de ses coursiers qui l'emportent, et il aborde de si près la terre avec eux, qu'il embrase tout l'univers. Jupiter irrité le tue d'un coup de foudre et le précipite dans le Pô. Que de Phaetons révolutionnaires ont déjà subi ce triste sort ! Leur exemple serait-il donc perdu pour tous les intriguans et les ambitieux qui seroient désormais tentés de les prendre pour modèles ?

(19) Le *Capitole*, était une forteresse élevée sur le Mont Tarpeïen où il y avait un temple en l'honneur de Jupiter qui prenoit de là le surnom *Capitolin*. Les premiers fondemens du Capitole furent jettés par *Tarquin*, *l'ancien*, l'an de Rome 139 ; l'édifice fut achevé sous *Tarquin le superbe*, en 221. On appella cette forteresse *Capitole*, du mot latin *caput* qui signifie *tête*, à cause d'une tête d'homme qu'on trouva en creusant la terre pour asseoir les fondemens. A l'opposite du Capitole était un roc fort élevé, d'où l'on précipitait ceux que l'on soupçonnait d'aspirer à la royauté et à la tyrannie. *Marcus Manlius-Capitolinus* fut condamné à cette peine l'an 370 de la fondation de Rome. L'infâme *Tibére* faisait aussi précipiter du haut de ce roc les citoyens opulens, dont il brûlait de s'approprier les dépouilles. Sur une conjuration supposée, il se défit ainsi de *Sextus Marius* le plus riche particulier de l'Espagne dont il confisqua tous les trésors à son profit. Nos modernes Tibères ont su tirer parti de la leçon.

(20) Le jardin des Tuilleries exécuté sur la fin du dernier nier siècle, sur les dessins *d'Andre le Nôtre* contrôleur des bâtimens et dessinateur des jardins de Louis XIV. *Le Nôtre* naquit à Paris en 1613 et y mourut en 1700 ; c'est lui qui a planté les superbes jardins de Marly, de Versailles, de Vaux, etc ; des mœurs douces, de la loyauté, point d'ambition, un grand amour du travail et de l'ordre ; c'est par ces vertus domestiques que ce vrai patriarche fit, pendant près d'un siècle, son bonheur, celui de sa famille et de ses amis.

(21) La place de la révolution (ci-devant place Louis XV) au milieu et sur le piédestal de la statue Equestre du prince, on voit aujourd'hui une statue collossale de la Liberté représentée assise, accompagnée de ses attributs, et le tout de plâtre. C'est aux pieds de cette Liberté, patrone des Français, que chez ce peuple réputé le plus poli, le plus éclairé, le plus doux et le plus humain de tout l'univers, on fit pendant deux ans couler à gros bouillons le sang des victimes humaines qu'on sacrifiait à la bonne Déesse pour nous ja rendre propice et la faire aimer. Mais alors il falloit hurler avec les loups, si non fût-on représentant du peuple, on était soudain précipité de la chaise curule, trainé à la *place de la révolution*, et, là, haché en morceaux à la vue de toute une horde infâme de filous, de voleurs, d'assassins et d'antropophages qui, les yeux hagards, la bouche écumante, le pied en arrêt, le bras tendu, la main et le chapeau en l'air, beuglaient d'une manière effrayante, pendant qu'on égorgeait les victimes, *vive la convention nationale, vive la république!* ô postérité ! tu refuseras d'ajouter foi à l'écrivain véridique dont la plume courageuse, trempée malgré lui dans le sang, te retracera ces horribles sacrifices cent et cent fois renouvelés presque sous les yeux de la convention elle-même, de toutes les autorités et du

(20)

peuple entier ! *quis talia fando temperet à lacrimis ?*
Ce fut sur la place dont nous parlons que le 12 juillet
89, à peu près à 5 heures du soir, commença la révolution. Les premières goutes du sang français furent répandues
par l'orgueilleux et féroce *Lambesc*, appelé, depuis, le
grand sabreur. Au 10 août 92, époque de le 2e. révolution
mémorable qui a renversé le trône, ce fut encore sur la
même place que se portèrent les premiers coups qui en-
tamèrent le fameux combat de la St.-Laurent.

(22) Nous renvoyons le lecteur impartial aux écrits
du tems et aux décrets de la convention nationale elle-
même, pour prononcer, avec connoissance de cause, sur
le crime vrai ou supposé dont étaient accusés *Brissot* et
ses adhérens. A les juger par leurs œuvres révolutionnaires,
il s'en faut bien que ces législateurs nous paraissent aussi
irréprochables, aussi vertueux, aussi républicains qu'on
veut aujourd'hui nous le faire entendre. Ce n'est pas que
nous adoptions aveuglement les fables ridicules que l'esprit
de parti a inventées et débitées sur leur compte ; mais
en rejettant tout ce que la passion a pu mêler de faux
et d'odieux à la vérité ; nous nous bornons à juger *Brissot*
et son parti d'après *Brissot* lui-même et ses partisans. Or il
résulte de leurs discours, de leurs écrits et de leurs actions
que ces représentans n'étaient que des ambitieux qui, comme
ils ne cessaient de le répéter, soit dans leurs harangues publiques, soit dans leurs pamphlets, avaient déclaré une
guerre à mort à d'autres ambitieux leurs collègues. *Brissot*
et ses amis ont été vaincus, ils ont été sacrifiés suivant
la condition expresse du combat ; s'ils étaient demeurés
vainqueurs, nous pouvons croire qu'ils n'auraient pas fait
plus de grace à leurs ennemis que ceux-ci ne leur en ont
accordé. Lisez le *journal des Patriotes* par *Brissot*, le
courrier des 83 départemens par *Gorsas*, et vous verrez que
pendant les mois de mars, d'avril et de mai 93, ces deux
législateurs journalistes n'ont cessé l'un et l'autre d'appeler à grands cris la vengeance du peuple, c'est-à-dire,
la mort sur la tête des chefs du parti opposé. Aurions-

nous joui d'un sort plus heureux si *Brissot* eût triomphé
de la *faction Robespierrienne* ? C'est ce que nous n'oserions
affirmer positivement, nous sommes cependant très-portés
à croire que leur règne n'eût pas été celui des tortures
des supplices et des bourreaux : non le sang français n'aurait
pas été versé par torrens sur les infâmes échafauds dont
Robespierre couvrit la France entière, mais quelles horreurs
n'eût pas enfantées la guerre civile dont nous menaçait la
triomphe du parti *Brissot*. Quoiqu'il en soit, l'égorgement
des 22 proscrits au 31 mai n'en est pas moins une des grandes
horreurs dont le législateur doit compte à son siècle et
à la postérité. Je dis l'égorgement ; car ils n'ont pas été
jugés ; on les a livrés, pieds et poings liés, à des assassins
qui, sous le nom imposant de juges, n'ont été en effet
que leurs affreux bourreaux. J'aurai occasion de revenir
sur ce fait historique, si intéressant, dans les notes qui
suivront.

(23) *Pierre Brissot*, connu avant la révolution par
quelques écrits polémiques qui annonçaient du talent. Sa
réponse à l'infortuné *Barnave*, dans l'affaire des noirs,
acquit une si grande célébrité à son auteur qu'il fut successivement élu membre de la *Législative* et de la *Convention*; il eut dans ces deux assemblées de nombreux ennemis et de chauds partisans. Les écrivains qui, paraissent
mériter quelque confiance, s'accordent à lui donner beaucoup
d'esprit, des connaissances variées et une grande capacité
pour les affaires ; tous l'accusent en même temps d'avoir
été fourbe, intéressé, vindicatif. Quelles qualités pour
l'homme du peuple, pour un législateur ! gouvernés si long-
tems par les passions de ces aveugles, nous devons bien
moins être étonnés de notre situation actuelle que surpris
de ne pas être accablés de plus grands maux. Peuple !
sois juste ; ce n'est pas aux hommes d'aujourd'hui, c'est
à ceux qui, naguères encore, présidaient à tes destinées,
que tu dois imputer tes longs malheurs. A la justice sache
allier la patience, et bientôt la modération, la sagesse,

D ij

la fermeté et la persévérance dans les mêmes principes , auront réparé les erreurs et les fautes de l'emportement , de l'orgueil , de l'égoïsme et de l'ambition.

Maximilien Robespierre, né à Arras, où il suivait la profession du barreau lorsqu'il fut appelé à la *constituante*. Il se distingua dans cette première assemblée par un attachement tout particulier à la cause populaire. On crut voir en lui un nouveau *Décius* tout prêt à se dévouer pour le salut de son pays et de la liberté. Bien des personnes de bonne foi sont encore persuadées aujourd'hui que *Robespierre* avait alors les dispositions les plus pures et le cœur le mieux intentionné de tous ses collégués. Nous avons pu , comme tant d'autres , être pendant quelque tems abusés sur le compte de *Maximilien*, nous avons pu , d'après ses premières données , le croire probe, juste, austère , dégagé de tout intérêt personnel , et ne voulant uniquement que le bien et le bonheur du peuple. Aujourd'hui qu'une funeste expérience nous a désillé les yeux , nous ne saurions nous persuader que jamais *Robespierre* ait éprouvé aucun de ces grands sentimens, une seule de ces affections sublimes qui , si elles étaient perdues sur la terre , devraient se retrouver tout entières dans l'ame du législateur. Non jamais *Robespierre* ne se sentit pénétré d'un beau feu pour la gloire , pour cette gloire véritable qui consiste, comme dit l'ingénieux *Marmontel* , à être utile aux hommes. Jamais ! jamais ! l'impérieux dictateur ne brûla d'un saint amour pour son pays , pour la liberté , pour la vertu. L'idée de vivre dans le long souvenir des hommes, par la mémoire de ses bien-faits ; cette idée si belle , si féconde en prodiges civiques et patriotiques , ne fit point l'heureux tourment de son ame. Ambitieux , sans posséder aucune des qualités qui caractérisent les hommes à grandes passions , ce *Maximilien* n'a vu dans son poste de représentant qu'une occasion d'agrandissement pour sa petite personne , et il a saisi cette occasion favorable avec avidité. Fier de ses succès apparens , et jaloux d'en recueillir le fruit , il a voulu tout asservir et

dominer sur tout. Bien qu'il affectât d'être *entièrement
dévoué aux seuls intérêts du peuple, de ne vouloir que
le bien du peuple, de ne respirer que pour faire triompher
les droits du peuple*; l'habile hypocrite, avec toutes ces
phrases mensongères, ne considéra jamais ses fonctions
de législateur que sous le point de vue d'utilité pour lui.
Né l'un des hommes les plus petits de son siècle, il avait la
ridicule manie de vouloir passer pour un des plus grands ;
et c'est cette manie orgueilleuse qui a fait sa perte et
notre malheur. Si cet individu n'était déjà flétri par tant de
qualifications odieuses qu'il a toutes méritées, on pourrait
l'appeler le *Narcisse de l'amour propre* : il séchait, il se
consumait de vanité et d'orgueil : n'estimant que ses idées
seules et supportant toujours impatiemment celles des autres,
il était trop infatué de son mérite personnel pour s'occuper
sérieusement de tout autre objet que de lui-même : aussi,
soit qu'il parle ou qu'il agisse, *Robespierre* ne voit jamais
que l'éternel *Robespierre*. Avide de réputation, de célébrité,
de gloriole, il veut qu'on le croye seul capable des plus
grands sacrifices, seul fait pour honorer la France par
ses talens et ses vertus, seul en état de la sauver et
d'assurer sa liberté et son bonheur. Qui le croira ? Ce
misérable discoureur avait l'insolence de parler des grands
hommes de son siècle, comme un barbouilleur d'enseignes
pourrait parler des chefs-d'œuvres de Raphaël et de Rubens.
Il fit un jour enlever de la salle des *jacobins* le buste
du savant auteur du livre *de l'Esprit* : après avoir vomi
un torrent d'injures contre cet écrivain célèbre, après
avoir renversé son buste par terre, il eut la lâcheté de
souffrir que tous les ânes et ânons, ses plats courtisans,
allassent en procession après lui, donner le coup de pied
à l'effigie de l'immortel *Helvétius* ! Quelle bassesse ! dès
ce jour tous les gens de bien, sans rompre entièrement
avec la société, attendu le danger imminent que l'on
courrait en se séparant de sa communion, ne voulurent
plus prendre part à ses séances, pour ne pas courir le

risque d'être une seconde fois témoins de scènes aussi scandaleuses ! voilà tout *Robespierre*. En rassemblant les divers
traits épars et fugitifs de cet homme sans couleur et sans
physionomie , nous le répetons, nous n'appercevons en
lui qu'un être au-dessous même du médiocre , tant du
côté des talens et des moyens , que du côté des vertus
patriotiques et des qualités personnelles. Par quelle étrange
fatalité un petit être si faible , si exigu, si pusillanime ,
est-il devenu un colosse extraordinaire, qui , pendant plus
de deux ans , a régné despotiquement sur la convention
et sur la nation entière ? La réponse est toute simple.
Robespierre n'a été fort que de notre faiblesse , grand que
de notre petitesse ; nous nous sommes agenouillés , pros-
ternés devant lui , il devait nécessairement paraître plus elevé
que nous. C'est notre puérile et ridicule idolâtrie pour tous
les faiseurs de belles phrases, les diseurs de grandes sentences,
qui, de nain, l'a transformé en géant et puis en meneur , en
chef de parti, en tyran et , enfin, en un horrible , en un
exécrable assassin ! Ouvrons donc une bonne fois les yeux
sur tous ces charlatans, sur tous ces fripons politiques, comme
il s'exprimait lui-même en parlant de ses pareils, sur ces
vils intriguans qui, avec plus d'audace que de capacité, ne
cessent de se mettre en avant dans les révolutions , non
pour diriger leur char à l'avantage de tous , mais pour le
conduire au gré de leur intérêt personnel ; non pour travailler au bonheur commun , mais pour se pousser eux-
mêmes , s'avancer, s'élever et envahir, avec l'autorité, la
fortune publique. *Robespierre* , dira-t-on , n'est pas mort
riche, il n'a pas indignement pillé la nation comme tant
d'autres : cela est bien vrai ; mais son but était de s'assurer
du pouvoir avant que de s'approprier nos depouilles : nous
pouvons croire que le tyran , après avoir assouvi son
ambition , aurait donné carrière à son avarice et n'aurait
pas plus ménagé notre or que notre sang. Séduit par l'espoir
flatteur d'ouvrir les yeux du peuple sur le compte de ces
vampires révolutionnaires , ses plus cruels ennemis ,

nous composâmes et fimes placarder dans tout Paris, au mois de mars 1793, la pièce suivante.

LA VÉRITÉ AU PEUPLE ET AUX LÉGISLATEURS.

O liberté ! que je revère,
Quel impitoyable démon,
Voudrait me faire, en sa colère,
Abhorrer jusqu'à ton saint nom ;
Deité pour qui je soupire,
Serais-je , en t'offrant mon encens,
Plus malheureux sous ton empire
Que sous le règne des tyrans ?

L'ambition sourde et cruelle,
Le jaloux et farouche orgueil,
De la république nouvelle
Voilà le plus terrible écueil :
Liberté, ces monstres avares
Par-tout font au peuple égaré,
Des beaux jours que tu lui prépares ;
Avilir le bienfait sacré !

Peuple , ton ami véritable,
N'est pas le prôneur de tes droits ;
Mais bien le guide infatigable
Qui t'enseigne à chérir les lois ;
Déployant sa grace et sa force,
Un bel arbre envain te séduit;
Sans t'arrêter à son écorce,
Tu dois en juger par son fruit.

Dans nos tribunes aux harangues,
De l'art empruntant le secours,
A qui mieux mieux toutes les langues,
S'épuisent en fort beaux discours;

Mais dans sa risible furie ,
Que m'importe un bouillant Rhéteur ,
Quand pour le bien de ta Patrie ,
Un froid mortel glace son cœur ?

Est-ce par de vaines paroles,
Qu'il croit lui prouver son amour ?
Ce sont, au lieu de mots frivoles,
Des faits qu'elle exige en ce jour :
Lâche esclave de la fortune,
Antoine qui mït Rome en feu,
Pour son pays, à la tribune,
Antoine parlait comme un dieu !

Vous , dont le courage se pique,
D'assurer nos brillans destins :
Fondateurs de la république,
Montrez-vous donc républicains :
Au peuple entier qui vous contemple,
Que font vos débats superflus ?
Il n'a besoin que de l'exemple
De vos mœurs et de vos vertus.

Que doit, irascibles apôtres ,
Dire tout homme de bon sens ,
Lorsqu'il vous voit les uns les autres
Vous déchirer à belles dents ?
Quand , grace à votre humeur haineuse ,
Il voit le sénat chaque jour ,
Devenir une arène affreuse,
Où vous vous sabrez tour-à-tour ?

En comprimant votre énergie ,
Infortunés législateurs,
Les serpens de l'horrible envie
Sifflent-ils sans cesse en vos cœurs ?

Se

Se peut-il que les tristes suites
De cent obscures passions,
Changent helas ! en vils Thersites
Les plus grands de tous les Solons ?

Toujours franc, toujours magnanime,
Le sévère législateur,
Sait, dans une lutte sublime,
Distinguer l'homme de l'erreur :
Courageux dans un ministère,
Pour lui souvent par trop fatal,
Il sait, en combattant un frère,
Se respecter dans son égal.

A l'heureuse époque où nous sommes,
Pour le bien commun réunis,
Faites-moi voir en vous des hommes ;
Si je n'y vois pas des amis :
Convient-il à de fiers Hercules,
De guerroyer en vrais marmots,
Pour des bambochins ridicules
Ou de misérables calots ?

Ah ! songez que de la patrie,
Sur vous repose tout l'espoir :
Sauver cette mère chérie,
Voilà votre premier devoir :
Et si contre mon espérance,
Vous ne pouvez pas vous aimer,
Pour mériter ma confiance,
Sachez du moins vous estimer.

Sous vos traits que l'Europe entière
Pense voir des êtres divins,
Du ciel descendus sur la terre,
Pour rendre heureux tous les humains.

Votre éloquence plus profonde ;
Envain brillerait chaque jour ,
Vous seriez l'opprobre du monde
Si vous n'en étiez pas l'amour.

On fit un assez grand débit de cette pièce ; on la chanta
par la ville , on l'inséra dans quelques journaux ou recueils ;
mais a beau prêcher qui ne veut pas entendre , ce fut :
vox clamantis in deserto. Nous allons terminer cet article
par le parallèle que nous faisons de *Brissot* et de *Robes-*
pierre , dans l'*histoire philosophique et politique de nos*
fautes révolutionnaires ; ouvrage que nous comptons donner au public dans un moment plus favorable. En atten-
dant , voici le parallèle des chefs de la faction *de la Mon-*
tagne et *du Marais.*

Brissot , chef du parti appelé le *marais* , pouvait dire
comme le Crispin de la comédie (*Folies Amoureuses , par*
Regnard).

J'ai fait tant de métiers d'après le naturel ,
Que je puis m'appeler un homme universel.

C'est d'un seul trait peindre un véritable intrigant ; et
nous croyons , de bonne-foi , que *Brissot* n'était pas autre
chose. *Robespierre* , vrai grimaud tout gonflé de sotise et
d'orgueil , s'était en quelque sorte déclaré lui-même chef de
la faction *Montagnarde* , et personne , dans le tems , n'osa
entrer en concurrence pour lui en disputer l'orgueilleux titre.
Il avait bien moins d'esprit , je dis de bel esprit , d'esprit
du jour , que *Brissot ;* mais il l'emportait sur ce dernier dans
l'art de capter la faveur populaire par certaines expressions
magnétiques , que nous avons ci-dessus rapportées , et sur-
tout par cette hypocrisie rafinée qui , aux yeux de la multitude ignorante et crédule , semble porter le caractère de
l'austère et *imployable* vertu. Le premier voulait régner
et devenir le maître en donnant des fers au chef de la nation , en le retenant en quelque sorte sous sa dépendance ,

sous celle de son parti, après avoir forcé ce prince faible et sans caractère à devenir un traître. Bien des gens sont persuadés que *Brissot* voulait perdre *Louis XVI*, et les adresses de ce représentant aux sociétés populaires et à celle des jacobins, en 92, donnent de la consistance à cette idée qui n'est rien moins qu'invraisemblable par elle – même. Toutefois il n'est pas prouvé, comme on l'avance, que *Brissot* ait voulu perdre le roi, régnant alors, pour lui substituer d'*Orléans*. Il est bien vrai que ce *Brissot* avait été, avant la révolution, commensal de ce prince, qu'il était devenu son ami en devenant son collégue à la convention, et qu'il mangeait souvent chez lui au *Palais Royal*. Mais on ne trouve dans cette conduite, suspecte à la vérité, que des présomptions, et des présomptions ne sont point des certitudes, ce ne sont point-là de ces faits qui ne laissent matière à aucun doute. Nous croyons donc devoir suspendre notre jugement sur ce point, jusqu'à ce que la plume véridique de l'histoire nous ait mis à même de prononcer avec connaissance de cause. Mais tout ce dont il n'est pas possible de douter, d'après les monumens historiques de cette époque, c'est que le chef du *marais* et son parti en voulaient bien moins au trône qu'au monarque qui l'occupait. *Robespierre*, ainsi que son concurrent, brûlait de s'emparer de la scène politique, d'y jouer le premier rôle; comme lui, il voulait absolument y dominer. Pour parvenir à ses fins, il avait pris une route diamétralement opposée à celle de son rival : il aspirait à ne devoir son élévation qu'au peuple, ou plutôt à cette portion grossière du peuple qu'il flattait d'un pouvoir démagogique et à laquelle, par ses discours fallacieux, il imprimait la direction la plus convenable à son ambition et à ses vues. *Brissot* avait intention de conserver le monarque ou un monarque, dont, à la vérité, il n'aurait fait qu'un roi de paille ; mais enfin, en conservant ce fantôme, il croyait s'en faire un abri à tout événement, dans l'hypothèse d'une future contre-révolution. Ainsi donc *Brissot* avait peur des revenans, *Robespierre* des vi-

vans, l'un n'était qu'un franc poltron et l'autre qu'un véritable lâche. Ce *Maximilien* se fiant, beaucoup trop sans
doute, à *son Peuple*, voulait, bon gré, mal gré, renverser
le trône, parce qu'il sentait bien qu'un roi, même dépouillé
de toute autorité, serait toujours un obstacle invincible à
son ambition, qui le portait à devenir le seul chef absolu
de la puissance suprême et presque le Dieu des Français.
L'homme du *Marais* se rendait important et même redoutable au yeux d'une cour avilie; le *montagnard* entrai-
nait la multitude et la subjuguait : en partageant l'exalta-
tion, l'ivresse, le délire des fougueux démagogues, il n'aspirait qu'à se rendre nécessaire à cette ignoble fraction du
peuple qu'il se promettait bien de gouverner un jour tout
entier dès qu'il aurait une fois à sa dévotion sa plus méprisable partie. *Brissot* éblouissait les *honnêtes gens*, *Robespierre* aveuglait les gueux, les *sans-culottes*. Le chef
du *marais* avait, comme nous l'avons dit, un esprit cul-
tivé, orné de plusieurs belles connaissances; il y réunissait
quelques parties du grand orateur : le chef de la *montagne*
manquait de vrais talens, sa rhétorique n'était que du *par-
lage*; son éloquence, de la déclamation; moins logicien que
sophiste, le vide de son esprit, la sécheresse de son ame
répandaient la monotonie la plus fatigante dans tous ses
discours. Nous en exceptons cependant celui sur *les idées
religieuses*, que nous avons loué dans le tems comme pièce
littéraire et philosophique : c'est le seul monument qui nous
reste de son talent beaucoup trop vanté. Comme il rêvait
régulièrement sept à huit conspirations par nuit, il ne
manquait pas d'en produire trois ou quatre par jour, soit
à la tribune de la convention, soit à celle des jacobins : ici
c'était *Cobourg* qui accourait à la tête de cent mille satellites,
pour l'empêcher d'être le *restaurateur de la liberté française;* là, c'était *Pitt* qui, du fond de son cabinet, sou-
levait l'Europe entière pour écraser notre *petit homme*, et
notre *petit homme*, de s'en venger en faisant, par un décret
unique, déclarer *Pitt l'ennemi du genre humain*. Quelle

folie ! Comment la convention a-t-elle pu seconder une
démence si orgueilleuse ? *Brissot* avait attiré dans son parti
des hommes qui lui étaient supérieurs en savoir, tels que
Gensonné, Guadet, et sur-tout *Vergniaud*, l'émule de
Mirabeau en éloquence, s'il n'était pas son maitre : *Maximilien* n'avait enrôlé sous sa banière que de ridicules pantins, des espions, des délateurs, des sicaires et toute cette
tourbe d'individus obscurs et détestables, plus faits pour se
confondre avec les *mandrins* que pour figurer au rang de
ces grands ambitieux et de ces hommes destinés à changer
la face des empires. Jusqu'à l'époque de son arrestation, le
chef de la faction *du marais* balança le pouvoir de son
rival ; dès que celui-ci l'eut fait tomber sous ses coups, *le
marais* épouvanté, sans chef et sans appui, tremble toujours devant la *montagne* jusqu'à la chûte de *Robespierre :*
à peine a-t-il disparu, que le parti vaincu se relève ; il attaque son cruel vainqueur avec tant de furie et d'avantage,
qu'il parvient sans peine, comme il était divisé, à l'abattre
et à l'anéantir. Que conclure de ces deux portraits, de *Robespierre* et de *Brissot ?* rien autre chose, sinon que ces
deux factieux, nés pour la honte et le malheur de leur pays,
se valaient, ou ne valaient pas mieux l'un que l'autre : et c'est
la vérité, du moins autant que nos faibles lumières ont pu
la distinguer et la saisir dans leurs discours, leurs écrits et
leurs démarches connues.

(24) Dès que l'esprit de parti s'est emparé de toutes les
têtes, l'esprit public, dont les Français paraissaient si pénétrés, tombe et disparait. Chaque portion du peuple, chaque club, soi-disant patriotique, chaque membre de la
grande famille s'isole pour épouser la querelle de tel ou
tel *meneur*, de tel ou tel personnage ; l'un tient pour
Brissot, celui-ci pour *Pétion*, celui-là pour *Robespierre*,
et la patrie qui devait tous nous réunir autour d'elle, la
patrie reste seule, que dis-je ? elle est entièrement oubliée,
et dans cet instant même on vient de proclamer solennellement son danger ; l'ennemi, maitre de la frontière du

nord, s'est emparé de Longwi, de Verdun, la route de Paris lui est ouverte ; Grands dieux ! quelle infame tragédie ne commencent pas à jouer en France nos deux grandes factions, dès le lendemain, pour ainsi dire, de la fondation de la République ? Gardons-nous d'imputer toutes les scènes atroces, qui ont déshonoré son berceau, à aucune fraction du peuple, à aucune société, à aucun individu en particulier ; c'est aux factions, c'est à leurs chefs, c'est au Sénat lui-même qu'il nous faut demander compte de tant d'excès, d'abominations et d'horreurs ; au lieu de nous rallier autour des principes, il nous a divisés en se divisant lui-même, en se confondant avec les factieux qu'il devait étouffer : leurs chefs étaient ses propres membres les plus distingués à cette époque, ils perçaient, ils déchiraient son sein, ils avilissaient le Sénat : et ce Sénat pusillanime reçoit humblement la loi de ces mêmes intrigans, que d'un seul de ses regards il aurait du glacer d'effroi et pulvériser ! *Brissot*, disent ceux-ci, veut la République ; *Robespierre*, crient ceux-là, ne soupire qu'après elle, il ne travaille que pour la fonder, et moi je vous jure qu'ils la veulent à-peu-près l'un comme l'autre : tous deux ne demandent qu'à s'emparer du pouvoir, à devenir nos maitres et à faire de la France leur patrimoine. Le peuple égaré sert l'une et l'autre faction, tout en croyant servir la République ; ce bon peuple, dans les crimes qu'il a commis pendant les deux premières années du règne de la convention, est donc plus à plaindre qu'à blâmer, puisqu'il n'a fait que suivre les trop funestes exemples de ses représentans. *Regis ad exemplum totus componitur orbis*, disait-on autrefois : ne peut-on pas dire encore la même chose aujourd'hui en substituant le mot *législateur* à celui de monarque ? Les vices d'une nation, comme l'observe le judicieux *Mably*, sont les vices de ses chefs, de ses gouvernans ; et ses vertus ne sont autres que celles dont ils lui donnent l'exemple. Pourquoi la République ne s'est-elle pas d'abord élevée avec ces mesures de modération, de sagesse

et de dignité majestueuse , attributs éminens auxquels tous
les bons citoyens auraient voulu la reconnaître , l'aimer et
la servir? Pourquoi? C'est que ses fondateurs étaient bien
moins des mortels magnanimes, de francs républicains , de
vrais législateurs que des hommes faibles, des clubistes en-
thousiastes , enfin des êtres faux, bien moins occupés *de la
patrie* que d'eux-mêmes.

(25) Par l'infernale Discorde.

(26) La convention , dès les premiers jours de sa session ,
se divise en trois partis bien distincts et connus par les divers sobriquets qu'elle adopte sans réclamation. Ces trois
partis sont: 1°. celui de la *montagne ;* 2°. celui du *ventre ;*
(quelle noblesse !) 3°. celui de la *plaine* ou du *marais ;*
nos députés qui siégent sur les banquettes les plus élevées,
s'appelent les *montagnards ;* ceux qui occupent les bancs
du milieu qui forment le *ventre* , sont baptisés du nom d'*indifférens* ou de *modérés ;* enfin, ceux qui restent dans le
bas de la salle , sont les *messieurs* de la *plaine* ou les *honnêtes gens* , les *hommes d'état*, du *marais.* Quelle puérilité
pour des hommes graves ! quel esprit de niaiserie pour des
législateurs ! en vérité tout cela ne serait que ridicule et risible si ces infâmes dénominations n'avaient, d'ailleurs, fait
couler des torrens de sang. Les hommes du *ventre* ou les
indifférens et les *modérés* ne sont, ni les factieux de la
montagne , ni les factieux du *marais* , mais malheureusement conduits par le vent , ils flottent au gré de tous
les partis. Ce vent souffle-t-il d'en haut ? soudain voyez-les
précipités dans le *marais* , changés en *crapauds* , (c'était
le beau nom dont les *Vadier* , les *Chabot* , les *Fabre-
d'Eglantine* et leurs doctes collégues, honoraient leurs
confrères habitans du *Marais.*) Le vent vient-il d'en bas, ces
mêmes *crapauds* poussés , enlevés , transportés sur la crête
de la *montagne* , y sont aussi-tôt transformés en ours, en
tigres, et y font *chorus* avec les loups affamés et les lions
dévorans, tels que les *Carrier* , les *Lebon* et autres de
cette espèce. Voilà les diverses chances que courait ce *ventre*

lâche et paresseux qui , au milieu de la désolation publique,
portée à son comble par cet excès de scandale , ne savait
que se remplir et digérer. Parlons sans figures , aussi bien
toutes celles mises à l'ordre du jour par nos représentans
de ce tems-là , sont-elles des monumens honteux d'un délire dont il faudrait pouvoir effacer jusqu'à la dernière trace.
Si les députés qui avaient eu le bon esprit de n'embrasser
aucun des deux partis , parce qu'ils leur paraissaient l'un et
l'autre également suspects , eussent joint la fermeté à la
prudence , et le courage à la sagesse ; si pénétrés de l'amour
de leurs devoirs sacrés , ils s'étaient réunis pour abattre la
double faction , quel bien ne nous auraient-ils pas fait ?
Mais il leur fallait du caractère , de l'élévation , de l'énergie ; il leur fallait des vertus et malheureusement ces hommes
en manquaient , ou n'en avaient pas assez , aussi me pa-
raissent-ils plus coupables que les factieux de l'un et l'autre
bord. Au surplus , quoique les dénominations de *montagne* ,
de *plaine* ou *marais* , etc. soient ridicules ; folles , extra-
vagantes et bien dignes, par conséquent , d'honorer un siècle
tel que le nôtre ; il ne faut cependant pas lui attribuer
l'honneur de leur invention. Non , ces plats sobriquets
nous viennent d'Athènes, à travers la longue série des siècles
qui se sont écoulés depuis *Solon* jusqu'à nous. On trouve
dans la vie de ce législateur, par *Plutarque* , le passage suivant : « Après le départ de Solon , les Athéniens firent
« bientôt éclater leurs dissentions sur le gouvernement ;
« ils étaient divisés en autant de partis qu'il y avait de
« sites différens dans l'Attique. Les *montagnards*, plus sau-
« vages , plus indépendans , tenaient pour le gouvernement
« populaire ; ceux de la *plaine* , plus riches , plus polis et
« plus ambitieux , voulaient un état oligarchique ; et ceux
« de *la côte* , (auxquels on peut assimiler ceux du *ventre*)
« préféraient un gouvernement mixte ». On a souvent com-
paré les Français aux Athéniens : ici la ressemblance est
frappante ; même légèreté , même inconséquence , même
esprit de sotise.

(27) Les *meneurs* étaient ces individus déhontés qui ; dans la convention , dans les sociétés populaires, dans les sections , dans les comités, remuaient toute cette masse infecte de nos passions, les amalgamaient, autant que faire se pouvait, les faisaient fermenter , bouillir , et en tiraient ces affreux résidus qui, semblables à autant de grains de peste communiqués au peuple , portaient le ravage et la mort dans son sein.

(27) *Les Brissotins , les Girondins , les Rolandins ; les fédéralistes , les anarchistes , les royalistes , les muscadins , les alarmistes , les modérés , les sans-culottes , les patriotes , les terroristes , les chouans , les buveurs de sang ,* etc. etc. , etc. ; quelle nomenclature effrayante et barbare ! Et c'est chez le peuple le plus poli, c'est à la fin du 18e. siècle, surnommé par excellence le siècle des lumières , de la raison , de la philosophie , c'est , en un mot, au sein de l'aréopage que ces infâmes surnoms, que ces qualifications meurtrières ont été inventées ! et ce sont des législateurs qui , les premiers, les ont inventées , adoptées, et fait adopter par le peuple !

(28) On n'a jamais manqué d'accuser de royalisme, de fauteurs de la royauté tous les représentans dont on craignait les talens , le mérite ou les sentimens énergiques.

(29) Le parti de *la montagne* qui a en quelque sorte subjugué toute la France et l'a trompée.

(30) Ce n'est plus un mystère : la Convention nationale a été *opprimée* pendant deux années entières ; elle a été opprimée par un ou par dix de ses membres auxquels sans doute elle avait délégué tous ses pouvoirs (ce qu'elle ne devait pas et ne pouvait pas faire) ; elle a été opprimée aux yeux de tout Paris, de toute la France. Et la convention a souffert cette oppression pendant deux ans ! tout le peuple y a consenti ! quelle horrible stupeur ! oh pour le coup , voilà de *l'incroyable* !

(31) J.-J Rousseau , citoyen de Genève, le plus grand philosophe du siècle et l'un des plus ardens apologistes

de la liberté. Ce sentiment profond est chez lui le fruit
du raisonnement , de la réflexion et de la fierté d'une ame
supérieure , d'une ame simple mais énergique et vertueuse ;
Qu'est-il dans la plupart de nos hommes du jour ? un fol
enthousiasme, un accès de fièvre chaude, une manie de
mode. On veut être libre et républicain , non par goût ,
non par principes et par conviction, mais par spéculation ,
mais par esprit de parti. Aussi tout est-il rage et rien n'est-il
raison.

DISCOURS II.

A DROIT usurpateur de notre confiance ,
Robespierre aurait pu rendre heureuse la France,
Aussi son premier crime et son plus grand forfait,
Est bien moins ce qu'il fit que ce qu'il n'a pas fait. (1)
S'il eût été vraiment tel que dans son langage,
Un mortel juste et probe, un philosophe, un sage ,
Aurait-il donc souffert qu'un féroce démon (2)
De sang , pendant vingt mois, s'abreuvât sous son nom ?
Ainsi qu'un vil bétail, en égorgeant nos frères ,
Les lois qu'il vous arrache, aveugles mandataires,
Pendant vingt mois entiers consacrent sans remord
Le règne désolant du crime et de la mort.
Eh! qui fonda jamais le plus saint des régimes ,
Sur les corps mutilés des milliers de victimes ?
Brise , inepte Dracon , brise tes échafauds ; (3)
Pour faire aimer tes lois , réforme tes bourreaux.
L'art de persuader doit être ta seule arme.
Pourquoi répandre au loin la *terreur* et l'alarme , (4)
Lorsque la vérité , semant tes pas de fleurs ,
Peut, à toi, sans contrainte, attirer tous les cœurs ?
Tu prétends renverser l'ancien ordre de choses:
Sous le nouveau du moins, fais-nous cueillir des roses ,

Ou , des monstres formés sur l'horrible Cromwel , (6)
Tu n'es que le plus vil et le plus criminel.

Fronder la liberté qui , féconde en orages ,
Croit et se fortifie au sein de leurs ravages , (7)
Chérir ce joug tranquille et cet état de mort
Où , plongé sous un Roi , tout un Peuple s'endort ;
Vouloir ternir l'éclat des fières Républiques ,
Oser leur préférer les États monarchiques ,
Voilà des sentimens que l'on doit condamner ;
Mais , pour m'en détacher , faut-il m'assassiner ?
A l'instant où des lois j'attaque la puissance , (8)
Là mon civisme expire et mon crime commence :
Loin , avant ce moment , à mes jours d'attenter ,
Paisible en mon réduit on doit m'y respecter.
Pour des opinions , même les plus blâmables ;
Qui nous donna le droit d'égorger nos semblables ?
Périsse jusqu'au nom du stupide oppresseur (9)
Qui , de mes sentimens , fougeux inquisiteur ,
Au lieu de m'éclairer , alors que je m'égare ,
Ne sait que m'écraser sous son pouvoir barbare !
Enfant de la patrie et sujet de la loi ,
Ma vie est à l'État, mais mon cœur est à moi :
Oser en arracher mes secrètes pensées ,
A des juges-bourreaux , sur le champ dénoncées ,
Ce n'est pas me punir , c'est me percer le sein
Moins en vengeur des lois qu'en infâme assassin. (10)

Tel était le cruel et lâche *Robespierre* :
La pitié fut toujours , à son cœur , étrangère ;
Oui : c'était un despote , un tyran forcené.....
Malheureuse *Renaud* , tu l'avais deviné ! (11)
Vainement , à ses yeux , ton innocence brille ,
Le barbare , avec toi , proscrivant ta famille ,
Par ton sang et le sien , à grands flots répandu ,
Te punit doublement de l'avoir trop connu !
Mais quoi ! la scène change..... à tous nos vœux propice
Le ciel vient-il enfin signaler sa justice ?

F ij

(38)

Oui : Français , oui : son bras redoutable et vengeur ;
Son bras s'arme , s'étend , frappe votre oppresseur
Qui , sur un échaffaud laissant sa tête altière , (12)
En ce jour éclatant prouve à toute la terre ,
Que doit tomber ainsi tout misérable nain ,
Tout homme vermisseau qui , transporté soudain
Par de fausses vertus , par de basses souplesses
Au faite du pouvoir , au comble des richesses ,
Repousse insolemment , dans la prosperité ,
L'utile souvenir de son obscurité !
    Les voilà ces tableaux qu'il faut que tu contemples ,
Oui , Damis , les voilà ces instructifs exemples ,
Dont je dois te presser de faire ton profit :
Inspiré désormais par un meilleur esprit ,
De la réflexion , si tu reprends l'usage ;
Loin de t'enorgueillir du fâcheux avantage ,
De te voir , par la brigue , admis dans le Sénat ,
Effrayé des revers d'un aussi haut état ,
Pour n'en point redouter la déplorable suite ,
Qui ne te verra pas soudain prendre la fuite ?
    As-tu l'ame , en effet , réponds , as-tu le cœur
D'un vrai père du peuple et d'un Législateur ?
En as-tu les talens , le savoir , l'énergie
Et le mâle courage et le divin génie ?
Député de coulisse et Sénateur bambin , (13)
Crois-tu donc qu'il suffit pour te montrer si vain ,
Pour te parer de noms imposans et sublimes ,
D'aller te prélasser au milieu de ces mimes , (14)
Qui souillant du Sénat l'auguste Majesté ,
N'y marquent , comme toi , que par leur nullité ?
Quant à moi , j'ose ici le dire avec courage ,
J'ose le répéter : qui , dans l'Aréopage , (13)
Ne sait pas s'élever et se faire un beau nom
N'est tout au plus qu'un sot , s'il n'est pas un fripon.
    Ce vers est , je le sais , plus que démocratique ,
Mais quel homme d'honneur , devenu politique

Sut jamais , aux dépens de sa noble fierté ;
Pour plaire à son égal , farder la vérité ?
N'est pas républicain qui n'ose nous l'apprendre:
N'est pas législateur qui se plaint de l'entendre :
L'art des ménagemens n'est fait que pour les Cours ,
Et le franc démocrate , âpre dans son discours ,
N'y doit laisser percer que l'austère droiture
Qui décèle par tout l'homme de la nature !
    Lorsque la vérité doit , jusque sur les toits ,
Faire , ici , retentir les éclats de sa voix ,
Quel citoyen pourrait , dans la crise où nous sommes ,
Ou lâchement se taire , ou nous vanter ces hommes ,
Qui , joueurs très-adroits et souffleurs plus heureux , (16)
N'ont , dans chaque parti , travaillé que pour eux ?
Qu'ai-je à leur reprocher ? A ceux-ci , leur silence ;
A ceux-là , les écarts d'une indigne licence ,
Est-on Représentant pour faire des pamphlets , (17)
Pour accoucher , par jour , de vingt plats sobriquets ?
Et le peuple entend-il de ses myriagrammes (18)
Régaler au Sénat nos faiseurs d'épigrammes ?
Sied-il à ces mortels qui devraient de leurs mains ,
Fièrement balancer nos glorieux destins ,
De fléchir le genou devant nos vils despotes ,
De saturer d'affronts les plus purs patriotes , (19)
Et d'un peuple égaré , formentant les excès ,
D'oser leur imputer ses odieux forfaits ? (20)
Comment traiterons-nous ces affreux démocrates ,
Qui , dans la République , horribles Érostrates , (21)
Ne brûlent , sous un règne encor plus scélérat ,
Que d'égaler *Carrier* et balancer *Marat* ? (22)
Démasquons hardiment ces bourreaux hypocrites ,
Ou plutôt , juge instruit de leurs trames maudites ,
Fouettons , sans nul égard , du même vers sanglant
Et l'outré démagogue et l'infâme Chouant. (23)
En révolution et dans ces tems d'orage ,
Braver tous les partis est le devoir du sage ; (24)

Lui seul passe au milieu , les laisse de côté ,
Et marchant droit au but atteint la vérité.
Si toujours le Sénat repoussant la lumière , (25)
N'eût en aveugle hélas ! parcouru sa carrière,
Paisible , en ses foyers , la France du bonheur ,
Déjà , depuis long-tems , goûterait la douceur..

N O T E S

Sur le Discours I I.

(1) Je m'explique. Bien que je regarde aujourd'hui
Robespierre comme un monstre en politique et en morale ,
je n'ai garde cependant de n'accuser que lui seul de tous
les crimes , de toutes les abominations commises sous son
prétendu régne. Je dis *prétendu* , parce qu'il n'a pu exister ,
et qu'en effet il n'a pas existé. Ce que *Maximilien* a fait ,
ses collègues y ont coopéré ou par leur assentiment formel
ou par leur silence , en suivant le bon vieux proverbe :
qui ne dit mot , consent. On ne peut donc, sans une animosité qui dégénère en une véritable injustice, imputer
plutôt à l'un qu'à l'autre ce qui est le fait de tous , puisque
chacun d'eux était obligé en son ame et conscience , et
au péril même de sa vie , de s'opposer aux horreurs dont le
plus grand nombre des membres de la Convention est resté
spectateur , muet et immobible pendant deux mortelles
années. Ce n'est donc point ce que *Robespierre* a fait ,
de concert avec le Sénat , qui me le fera juger avec plus
de rigueur que ses autres collègues : ainsi, cessant de le
considérer sous le point de vue du mal qu'il a commis
avec eux , je me borne à l'envisager sous le point de vue
du bien qu'il n'a pas fait ; bien qu'il devait et pouvait
opérer avec plus de facilité que tout autre , vu l'immense
popularité qu'il avait acquise et dont il jouissait déjà sous la
Constituante. Que devait faire *Robespierre* s'il était si

bien intentionné pour le peuple, si jaloux d'assurer son
bonheur ? Il devait s'appliquer, en premier lieu, à régénérer ses principes et ses mœurs, eux seuls étant la base
inébranlable de tout édifice politique. Sans mœurs, point
de lois ; sans lois, point de Gouvernement ; sans Gouvernement, point de société. *Robespierre* s'est-il attaché à épurer
nos mœurs, à rectifier nos principes ? Non ; donc il est
criminel. Comment pouvait-il régénérer nos mœurs et
nos principes, et nous inspirer, avec l'amour de la patrie
et de la liberté, celui des vertus privées et publiques,
qui ne sont autres que les vertus républicaines ? C'était
en nous en donnant l'exemple, en ne s'entourant que de
citoyens qui auraient dû nous prêcher ces vertus simples ét
sans faste, bien moins par leurs beaux discours que par
leurs bonnes actions, concilier tous les intérêts, réunir
tous les esprits, rapprocher tous les individus, abolir le
règne affreux des fourbes délateurs et des délations mensongères, nous attacher au char de la Convention dont
il eût pu devenir l'ame, l'oracle et le flambeau ; voilà
ce que devait faire un digne et respectable Législateur.
Robespierre l'a-t-il fait ? Non : il est donc le plus grand de
tous les coupables ; et son premier crime est bien moins
ce qu'il a fait que ce qu'il n'a pas fait.

(2) N. *Dumas*, ci-devant prêtre, et depuis, président de
l'horrible tribunal créé par *Couthon*, *Billaud*, *Robes-*
pierre et compagnie.

(3) *Dracon*, ancien législateur des Athéniens : il leur
donna un code de lois si sévères, qu'on lui reprochait de
les avoir écrites, moins avec de l'encre qu'avec du sang.
Solon les abolit à cause de leur absurde cruauté. Ce *Dra-*
con ne mettait aucune différence entre un coupeur de
choux et un coupeur de bourse ; entre un galant escroc et
un infâme larron : il punissait les peccadilles des mêmes
peines que les crimes les plus énormes.

(4) On a donné très-improprement, selon nous, le
nom de *règne de la terreur* au règne supposé du prétendu

Dictateur, ou des Décemvirs, membres du *Comité de Sa-lut Public* de la Convention. On a appelé, en conséquence, *terroristes* tous ceux qui tenaient, moins pour ce régime en lui-même, que pour ses *abus* dont ils profitaient. Quelle modération dans les expressions! Non, non ce règne n'était pas le *règne de la terreur*, mais bien celui *de la scé-lératesse, de l'assassinat et des massacres!*

(5) L'ancienne Constitution Française n'était qu'une assemblage informe et confus de lois contradictoires, d'usages ridicules, de coutumes féodales et barbares; elle renfermait, de plus, des vices destructeurs de toute industrie, de toute émulation et élévation d'ame, de toute morale. Voilà ce que tu dis, *Robespierre*, voilà ce que répètent tes partisans: nous en tombons d'accord avec eux et avec toi. Oui, il fallait renverser de fond en comble ce vieux bâtiment qui menaçait ruine de tous les côtés; sur ses débris il fallait élever un nouvel édifice qui ne présentât aucun des vices grossiers reprochés à l'ancien. La liberté devait poser la base de ce nouveau monument, l'égalité devait l'élever et l'embellir, la vertu devait le couronner: s'il se fût, dans cet ordre, offert à tous les yeux, eh! qui donc ne l'aurait pas admiré? qui donc n'aurait pas été fier et glorieux de trouver dans ce Temple auguste le dépôt sacré de tous les biens, de toutes les vertus nécessaires au bonheur de l'homme?

(6) *Olivier Cromwel*, aussi habile que grand général: il naquit, en 1603, dans le comté d'*Hunington* (province d'Angleterre); son caractère altier et son esprit remuant firent connaître de bonne heure ce qu'il serait un jour. Parvenu à l'âge de prendre un état, il s'élance dans la carrière des armes et s'y distingue en plusieurs rencontres. Favorisé par les circonstances, cet ambitieux lève l'étendart de la révolte. Secondé par ses troupes, il bat à diverses reprises les armées de Charles 1er, Roi d'Angleterre, son légitime souverain, le prend prisonnier, lui fait faire son procès par un *tribunal révolutionnaire* à sa dévotion,

vôtion, et le 9 Février 1649, lui fait trancher la tête à Withéal. Le 17 mars suivant, *Cromwel* abolit la monarchie en Angleterre, et cree à sa place un *Conseil d'État*, donnant à ceux qui le composaient les titres de *Protecteurs du peuple et de défenseurs des lois*. Après avoir gouverné, pendant dix à douze années l'Angleterre, plus despotiquement qu'aucun Roi n'avait osé le faire jusqu'alors, sans en excepter même Henri VIII, le plus impérieux des tyrans, *Cromwel* meurt paisiblement dans les bras de sa famille. Il avait, dit *l'Avocat*, des talens extraordinaires, un courage que rien ne pouvait intimidér, et une audace qui le portait à s'attacher toujours aux moyens et aux mesures dont l'exécution présentait le plus de difficultés. Son fils., *Richard Cromwel*, homme sans grandes passions, se démit du *Protectorat*, et après avoir couru diverses fortunes, alla s'ensevelir dans la retraite.

(7) C'est à-peu-près la pensée de ce noble Polonais, qui s'écriait un jour dans une diète : « Je-préfère une liberté « turbulente et orageuse à un tranquille mais honteux esclavage sous lequel je ne puis disposer de ma personne et « de mes biens »;

(8) Dans aucun tems et chez aucun peuple l'opinion n'a pu rendre un homme coupable, il ne le devient que du moment où, au mépris des lois de son pays, il emploie, soit la séduction, soit la force, pour faire prévaloir son opinion sur l'opinion générale : il se montre alors pour ce qu'il est, un corrupteur de l'esprit public ou un rébelle, et sous ce double aspect, il est punissable parce qu'il est, de fait, criminel. Faites aimer votre nouveau régime, soyez justes, humains, modérés envers tous les individus quelles que soient leurs opinions, et bientôt l'intérêt personnel, si puissant sur le cœur des hommes, vous fera de zélés partisans même des plus engoués de leurs vieux préjugés. Aux yeux de qui ne trouvera pas grace un gouvernement, où nous ne verrons que des sages pour gouvernans, que des philosophes pour législateurs, que des hommes probes, actifs, laborieux pour

magistrats , et où les principes et les mœurs du peuple
promettront moins la tranquillité et le bonheur qu'ils ne
nous feront constamment jouir de leurs plus précieux
avantages ?

(9) Je me suis emprunté à moi-même quelques vers de
cette tirade ; ils sont , ainsi que plusieurs autres , intercallés
dans ces discours , tirés de mon Poëme intitulé : *les Fastes
du Commerce* , publié en VI chants en 84 , et en XII
chants en 89. Cette production est trop disparate avec les
circonstances actuelles , pour ne pas la condamner à l'oubli ,
jusqu'à ce qu'un loisir plus fortuné m'ait mis à même de
la présenter à un peuple républicain sous une forme digne
de lui.

(10) *Fouquier-Tainville* , accusateur public au tribunal
de *Robespierre* , était bien éloigné de se croire un abominable assassin , puisqu'après son arrestation il répondait aux
juges qui l'interrogeaient : « pourquoi tant de procédures et
« d'enquêtes? je suis coupable puisque je suis vaincu , envoyez-
« moi à l'échafaud ; si dans ce moment j'étais à votre place
« et que vous fussiez à la mienne , je vous aurais déjà condamnés , et vous seriez dans la charrette ! » Que prouve cette
stupide et atroce démence , sinon que cet *égorgeur en titre*
croyait effectivement servir la République en dépêchant
chaque jour cinq à six charretées de femmes , de viellards
et d'enfans pour sa boucherie ? O déplorable aveuglement
de l'esprit de parti !

(11) Un des plus grands crimes de *Robespierre* est l'assassinat juridique de la malheureuse citoyenne *Renaud* et
d'une partie de sa respectable famille. On assure que cette
jeune et intéressante personne aimait ce monstre qui ne
l'aimait pas , et on brode à ce sujet diverses circonstances
qui tiennent plus du roman que de la vérité. Quoi qu'il en
soit , la jeune *Renaud* n'eut jamais la pensée d'assassiner le
tyran , comme il le fit répandre lui-même dans le tems
par ses affidés. Mais c'était alors la mode de *courir sus* les
Députés : à les entendre on en voulait à la vie de tous :

ce qu'il y a de très-heureux, c'est que de tous ces Pisistrates modernes assassinés, de la langue ou de la plume, pas un seul n'a reçu la plus légère égratignure.

(12) Il fut décapité, à Paris, le 10 thermidor an II, avec son frère, qui valait un peu mieux que lui, *St.-Just*, *Lebas*, *Couthon*, et autres conspirateurs. Quelques proconsuls ses collègues, qu'il avait menacés et qui n'ignoraient pas que ses menaces étaient des arrêts de mort, prirent les devants et le firent tomber lui-même dans l'abyme où il allait les précipiter. Sans la nécessité urgente de renverser leur ennemi pour se soustraire à son implacable ressentiment, nous verrions encore *Robespierre* triomphant de la France asservie, régner au milieu des bourreaux et des cadavres!

(13) Le Député à qui j'adressais ces discours avait été ci-devant tragédien, comédien, farceur, etc. Comme bien des autres, il s'était fait en dernier lieu *Robespierrot*, pour arrondir ses affaires en amaigrissant les nôtres.

(14) J'ai parlé déjà de ces hommes nuls, de ces *Représentans bouche-trous*, qui sur les deux heures arrivent à l'assemblée, traversent la salle, chuchotent deux ou trois mots à l'oreille de celui-ci, donnent une poignée de mains à celui-là, prennent leurs lettres, courent à la distribution des papiers, et sur le coup de trois heures filent plus rapidement que l'éclair, vers la maison pour y diner et y digérer, en se plaignant du travail qui les tue, de la fatigue qui les anéantit! Miséricorde! Quels êtres!

(15) L'*Aréopage* était le premier sénat d'Athènes : on ne sait rien de bien certain sur le tems de son établissement. Contre l'avis de Cicéron, plusieurs écrivains soutiennent que ce tribunal suprême existait long-tems avant *Solon*, qui n'a fait, disent-ils, que lui rendre son lustre et sa splendeur. Cette Cour souveraine avait l'intendance de toutes choses ; elle était seule dépositaire des lois, seule elle jugeait des crimes capitaux. La dignité d'Aréopagite était pour la vie : une action infâme pouvait seule faire perdre cette qualité. On varie beaucoup sur le nombre des membres de l'Aréopage, les uns le font de 200, d'autres de 400 et plusieurs de 500. Par une loi de *Solon*, les seuls Archontes sortis de charge pouvaient être admis dans ce Sénat, après avoir rendu leurs comptes.

(16) S'il est des hommes vils et méprisables, s'il en est de criminels au-delà de toute expression, ne sont-ce pas ces députés spéculateurs qui, ne se croyant appelés au Corps législatif que pour s'élever et s'enrichir, ont figuré dans la Convention à la tête de tous les partis et les ont joués tous pour parvenir à leur but? Un *royaliste* est un fou qu'il faut berner; un *démagogue* un aveugle qu'il faut plaindre; un *buveur de sang* un maniaque qu'il faut garotter. Mais que faire à un infâme, à un abominable qui, pour me servir de ses propres expressions, aujourd'hui planant sur le sommet de *la montagne*, et demain barbottant dans la fange du *marais*, qui le matin *tigre* et le soir *crapaud*, ne s'est étudié, dans toutes ses métamorphoses, qu'à capter la faveur de *la populace*, pour se gorger plus sûrement de l'or et du sang du peuple? Rassurons-nous: Dieu est juste, il est éternel!

(17) Ce n'est pas d'aujourd'hui que nous reprochons à nos mandataires le coupable penchant qu'ils ont à la satire. Quelle confiance peuvent nous inspirer des Législateurs qui, s'attaquant, se combattant, et se déchirant entr'eux de la plus cruelle manière, passent leur tems à composer ces placards scandaleux dont ils salissent nos murs, et consacrent leurs veilles à se barbouiller réciproquement, aux yeux du public, des plus odieuses couleurs? Mais s'ils ont des querelles personnelles, que ne les vident-ils entr'eux? Qu'ont-ils donc besoin, au coin de toutes les rues, de tous les carrefours, de prendre journellement le peuple à parti de l'esprit d'animosité, d'intolérance, d'orgueil et de haine qui les tourmente et les rend si furieux contre leurs propres collègues? *Brissot*, *Gorsas*, *Chabot* et quelques autres, ne se sont que trop signalés dans ce malheureux genre

d'écrire qui leur a été si funeste, et voilà que leurs successeurs viennent tout-à-coup de ressusciter cet art de médire que nous croyons en quelque façon noyé dans le sang de ses premières victimes ! Comme pièce littéraire, *l'Epitre sur la calomnie* a son mérite ; mais comme ouvrage d'un Représentant du Peuple, d'un Législateur, c'est une œuvre très-coupable et très-répréhensible ! Quelle horreur de sacrifier ainsi ses collègues, des hommes probes, studieux, travailleurs au misérable plaisir de lâcher, pour un ou deux bons mots, tant de pointes usées qui n'ont ni sel, ni grace, ni raison ! Ne verrai-je donc jamais que des beaux esprits jaloux, des poëtes envieux dire et faire des sotises ? Bon Dieu ! de quelle pâte formes-tu l'ame d'un rimeur ?

(18) *Myriagramme* : poids de dix mille grammes, un peu moindre que vingt et demie de nos livres actuelles. Son double formera le plus gros des poids que l'on sera dans le cas d'employer, et remplira cet objet avec avantage. Nos Députés sont payés en *myriagrammes*, c'est-à-dire, en écus représentant la valeur de tant de mesures de blé. Ainsi leur traitement n'est pas fixe ; si le blé renchérit, ils palpent quelques écus de plus ; et l'on s'en apperçoit au front rayonnant, à l'air de jubilation qu'ont certains Législateurs financiers, en sortant de chez leur payeur : si le blé baisse le nombre de leurs écus diminue également ; alors les figures de nos ladres s'allongent, et voilà mes avares qui pleurent quand tout le pauvre peuple se réjouit.

(19) Cent et cent fois l'on s'est plaint, dans l'ancien régime, de l'abus excessif qu'on faisait de ces trois mots : *amour, honneur, amitié*. On a mieux fait dans le nouveau régime, on a abusé de tous les mots et principalement des trois suivans, *patriotisme, liberté et républicanisme*. Nous allons fixer ici leur sens littéral et précis, leur véritable acception. Le *patriotisme* est ce sentiment pur et sacré qui nous fait tout sacrifier, jusqu'à nous-mêmes, à l'amour que nous inspire la patrie, notre commune mère. La liberté politique n'est que le droit d'élire et

d'être éligible. La *liberté* civile n'est autre chose que le droit de faire tout ce que la loi permet ou ce qu'elle ne défend point. Mais comme il est des cas qu'elle n'a pas prévus, quand ils se présentent c'est à la conscience de l'homme de bonne foi à décider si la chose peut se faire ou ne se peut pas faire : si cette chose ne nuit en aucune manière à autrui et qu'elle nous soit réellement profitable on peut se décider pour l'exécution ; si au contraire elle est nuisible à nos semblables et n'est avantageuse que pour nous, il est du devoir de l'homme probe de n'y pas même songer. Le *républicanisme* est le sentiment qui nous porte à préférer le Gouvernement républicain à tout autre, comme le plus digne de l'homme qui sent sa dignité et qui par conséquent est vertueux. Distinguons donc trois sortes de républicains ou de patriotes, ces deux mots sont aujourd'hui synonimes. 1°. les *patriotes par spéculation* ; cette classe est la plus nombreuse elle comprend tous les intrigans, les fripons, les agioteurs, etc., etc. 2° Les *patriotes par esprit de parti* ; cette bande est encore assez considérable, puisqu'elle se compose des ignorans, des sots et des fous : 3° enfin, nous avons les *patriotes par conviction, par goût, par inclination* ; ces derniers seuls sont les vrais patriotes, les véritables républicains ; après avoir fait une étude approfondie des divers Gouvernemens, ils se sont déterminés pour celui de la République, et ont adopté cette forme d'existence politique avec connaissance de cause, et par réflexion. L'homme qui court après les emplois et les places n'est qu'un spéculateur ; celui qui, appelé à un poste quelconque, n'en remplit pas les devoirs avec autant de zèle que de désintéressement, n'est qu'un fripon ; celui qui veut dominer sur ses semblables par son opinion, n'est qu'un sot, un fat ou un brouillon : enfin nous ne reconnaissons pour seul patriote, pour vrai républicain que celui qui attaché de bonne foi et par principes à son Pays et à son Gouvernement, les sert tous deux sans

espoir d'autre récompense que la douce satisfaction inté-
rieure d'avoir rempli sa tàche en homme de bien.

(20) *Les Royalistes* imputent à la liberté au républicanisme tous les excès de la multitude égarée et asservie par
les *meneurs.* Les royalistes ont tort. La liberté qui nous
laisse le mérite de bien faire, le patriotisme qui nous attache
invinciblement à la patrie, ne peut pas plus produire
le crime que la colombe ne peut enfanter le vautour.
Il faut cependant convenir que la liberté donnée à un
homme pervers, dégénérant en licence, n'est plus qu'une
arme meurtrière confiée à un furieux ; il ne s'en sert que
pour se frapper lui-même ou frapper ses amis et ses
proches. D'après les portraits que nous avons faits des
diverses sortes de patriotes, il sera facile de se convaincre
que les vrais républicains sont incapables de se souiller
de ces crimes révoltans dont on les accuse, et dont l'ensemble
même répugne au seul nom de Français.

(21) *Erostrate ou Eratostrate*, le *Marat* de son
siècle : ce maniaque, brûlant de se faire, par le crime,
un nom immortel, mit le feu au Temple d'Ephèse et
l'incendia. Ce Temple, consacré à Diane, était un des
plus beaux monumens d'architecture de l'Antiquité, et passait
pour une des sept merveilles du monde. Ses richesses
étaient immenses. Les Ephésiens, irrités contre *Erostrate*,
firent une loi qui défendait de prononcer son nom. Cette
loi singulière ne fut qu'un moyen de le perpétuer.

(22) N. *Carrier*, Représentant du Peuple à la Convention nationale. Ce Proconsul, dont le cœur d'airain
ressemblait si parfaitement à sa figure de cuivre bronzé,
après s'être baigné, pendant plus de six mois, dans le
sang des malheureux Nantais et autres, a enfin subi la
punition exemplaire due à ses turpitudes, à ses crimes
et à ses forfaits inouis. La plume échappera toujours de
la main de l'historien, homme sensible, qui voudra entreprendre de les retracer. On assure que ce Cannibale
eut l'impudence de dire à la Convention, lorsqu'il y fut

appelé pour rendre compte de sa conduite : *si l'on faisait justice à tous , il ne resterait ici que la sonnette !*

Paul Marat, Député à la Convention, homme si étrange et si connu, qu'il est inutile de s'appesantir sur son compte.

(23) *Chouant* , nouveau sobriquet inventé et mis à la mode depuis environ deux ans, mais qui vient de céder, tout récemment, le pas à celui *d'incroyable* ou de *mer- veilleux* ; l'un et l'autre désignent *un royaliste.*

(24) Pendant les deux années de la prétendue oppression de la Convention , il a été impossible à la vérité d'avoir accès au Sénat ; quiconque osait l'invoquer, quiconque réclamait en faveur des principes éternels que nous éta- blissons ici , était soudain traité de modéré ; et ce titre *épouvantable* était , comme le disait le malheureux *Camille Desmoulins* , en parlant de l'expulsion des Jacobins : *la moitié du chemin de l'infâme et trop coupable guillotine !*

DISCOURS III.

QUAND le Peuple , lassé de ramper sous des maîtres
Brise le double joug et des rois et des prêtres ; (1)
Prétend-il, sous le nom de ses Représentans,
Se donner, de nouveau, sept à huit cents tyrans ? (2)
Non pas sans doute : un seul eût mieux valu que mille.
Instruit par le malheur, leçon la plus utile ,
Que veut donc le Français lorsqu'avec tant d'éclat,
Pour adopter ses loix , il se forme un sénat ?
Des trois pouvoirs distincts en fixant l'équilibre (3)
Ce peuple généreux veut d'abord vivre libre :
Graces aux soins paternels de ses *législateurs*
Heureux d'avoir fondé le beau règne des mœurs ,
Pour garder à jamais sa liberté nouvelle
Il veut la faire asseoir sur leur base éternelle.

Mais

Mais toi que la molesse enlace dans ses bras
Peux-tu donner , Damis , un bien que tu n'as pas ?
Montre-moi ta vertu : je prétends la connaître ;
Ne peut-elle briller ? fais-la du moins paraître.
En daignant t'investir du plus grand des pouvoirs ,
Le Peuple t'imposa le plus saint des devoirs :
Et ce devoir sacré , ta seule loi suprême , (4)
N'est autre que celui de t'immoler toi-même ,
De te sacrifier pour son propre bonheur.
Sur ce point important je vais , législateur ,
A l'instant te juger : sous quelque vain prétexte ,
Passe à l'ordre du jour , si tu veux , sur mon texte.

 Tous ces mots flagorneurs de paix , d'humanité ,
D'amitié , de justice et de fraternité , (5)
Dont la main du mensonge a sali nos murailles ; (6)
Ces grands mots ignorés des héros de Versailles , (7)
Egoïste orgueilleux , sont-ils connus de toi ?
De toi dont le plaisir est la première loi ,
De toi qui , magnifique en payant pour tes vices ,
Refuse à ton pays les moindres sacrifices !
Qu'as-tu fait , que fais-tu pour la félicité
De ce bon Peuple libre , en esclave traité ? (8)
Par un profond savoir et ta haute prudence
As-tu su captiver sa juste confiance ?
Un tyran peut , sans elle , aisément l'enchaîner ;
Sans elle , aucun *Solon* ne saurait gouverner. (9)
Mais cette confiance est fille de l'estime ;
Elle est de nos vertus le tribut légitime ,
S'il est , pour l'obtenir , un sûr et prompt secret ,
Il dépend du mérite et non pas d'un décret.
Le célèbre *Morus* prit soin de t'en instruire. (10)
Contre sa Nation le Magistrat conspire ,
S'il ne court déposer ses pouvoirs , dès le jour
Qu'il perd du peuple entier et l'estime et l'amour.
Mais l'être corrompu , l'être pusillanime
Posséda-t-il jamais cet amour , cette estime ,

H

Seuls éternels garans des liens fortunés
Que l'on voit s'établir entre les gouvernés
Et les Mentors chéris qui sagement gouvernent ? (11)
  Aux hommages profonds, que nos cœurs leur décernent,
Nos grands législateurs ont seuls droit d'avoir part :
Pour ces faiseurs de lois que pousse le hazard, (12)
Que la coupable intrigue élève à la puisssance ;
Non jamais, de l'amour, de la reconnaissance,
Ils n'ont su mériter les glorieux tributs :
Conspués au Sénat, qu'y sont-ils ? des intrus,
Qui, de la Nation mandataires perfides,
Qui tous, de sa dépouille uniquement avides, (13)
S'imaginent pouvoir, vils chefs de factions,
Pour de grandes vertus, donner leurs passions. (14)
Sachez, Représentans, que la justice austère,
Seule imprimant sur vous un sacré caractère,
Doit cent fois moins m'offrir dans un législateur
Un vulgaire mortel, que le dieu du bonheur.
Mais est-ce en toi, Damis, est-ce dans tes semblables
Que brillent de ce Dieu les traits si respectables ?
Et l'état où la France est réduite aujourd'hui,
Prouve-t-il que des mœurs vous fûtes tous l'appui ? (15)
Des mœurs ! puis-je en parler, et dans un tems encore
Où le dieu *des Laïs* est le seul qu'on adore ; (16)
Où le vice, roulant dans de superbes chars,
Vient changer nos Palais en de vastes bazars, (17)
Nos enfans de Thalie en de grossiers Jodelles, (18)
Et nos Zeuxis Français en peintres de ruelles ? (19)
Vois ces *bagnos* honteux, où nos beautés du soir (20)
Accourent, à l'envi, dans le coupable espoir
D'attirer sur leurs pas les plus vils sycophantes, (21)
De leur vendre à l'encan leurs faveurs dégoûtantes,
De leur frayer la route à mille autres horreurs,
Damis, voilà l'école où se forment ces mœurs !
Etre honnête à présent est la chose impossible,
A moins que de vouloir, au mépris, insensible,

Tout criblé de misère et rongé par la faim;
Pourrir dans un grenier sans mandille et sans pain.
L'amour des nouveautés, des folies jouissances,
Nous forçant, pour combler des vides trop immenses,
D'arracher au talent le fruit de son labeur,
Maintenant nous voyons et l'artiste et l'auteur
Exposés, en créant de pompeuses merveilles,
A se voir dérober jusqu'au prix de leurs veilles,
N'offrir aux curieux que des *macaronis* (22)
Qui sont, bien que très-plats, moins plats que nos écrits.
Prouvez ce que j'avance, impudentes gazettes,
Libelles imposteurs, misérables bluettes, (23)
Où tout se marque au coin de ce futile esprit
Dont le bon-sens s'irrite et la pudeur rougit.
Cet esprit de vertige en sa rage assassine,
Court démembrer Corneille et disloquer Racine, (24);
Jusqu'en sa colonade ose attaquer Perrault, (25)
Enlève un le *Poussin* pour placer un *Calot*, (26)
Décore nos boudoirs de la pompe des temples;
Et répandant par-tout ses funestes exemples,
Sur nos arts, nos écrits, nos habits, nos maisons,
Se grave en traits légers de cent et cent façons.

    Voilà bien le Français ! comme en lui tout nous flatte !
On rit dès qu'on le voit : parle-t-il ? on éclate.
Veut-il s'orner l'esprit du plus grave savoir
Son gymnase est au bal ; son livre est un miroir : (27)
A son *Palais-Royal*, *monsieur* le politique (28)
En un tour de jardin règle la République,
Jette sur le Sénat un sarcasme en passant,
En chantant fait la paix, fait la guerre en dansant ;
Lance à tort à travers des torrens d'épigrammes,
Persifle les auteurs, séduit toutes les femmes,
Et tenant à la main la coupe du plaisir,
Par-tout sait le répandre et par-tout le saisir :
Sur un sujet trop long jamais il ne s'épuise ;
L'amour du changement à tel point le maîtrise,

Que ses goûts du matin le soir sont déjà vieux ;
L'eternité pour lui n'est que d'un jour ou deux.
Mais que produit enfin son aveugle délire ?
L'art de tuer le tems et de mourir de rire !
La raison parle en vain , en vain tonne le goût.
Que sont-ils , quand l'or seul est le maître de tout ,
Quand l'ignorant *Verrès* , fier de son opulence , (29)
Peut , en pesant sur eux , les réduire au silence ?
Que sont-ils ? dans un siècle où l'esprit libertin ,
S'indignant de la règle et repoussant le frein ,
A , jaloux de franchir les bornes de sa sphère ,
La rage de tout dire et celle de tout faire ?
Nos pères enflammés de l'amour d'un grand nom
Avant de la donner recevaient la leçon.
Aujourd'hui , devançant la lente expérience ,
Chacun prétend d'abord étaler sa science
Sans daigner consulter sa force et son talent :
Dans le monde aujourd'hui l'écolier débutant ,
Saisi d'un fol orgueil , ivre de gloriole ,
Veut , aux dépens du sien , jouer un premier rôle ;
Et le plus grand malheur qui nous puisse effrayer ,
C'est de voir que chacun ne fait pas son métier :
Au Sénat , au barreau , dans la ville , au Parnasse ,
Tous les gens sont en l'air et nul n'est à sa place :
Des têtes à pompons fabriquent des traités ,
Tandis que certains fats , à manteaux écourtés ,
Baillant sur des sophas , font des cours de toilette.
Ici , de francs grimauds , docteurs à la bavette ,
Nous inondent de plans pour enrichir l'État ;
Là , l'apprentif guerrier pérore en Magistrat ;
Enfin , dans ce cahos , c'est à qui , sans vergogne ,
Fera le plus de bruit et le moins de besogne :
Trop de travail , d'ailleurs , eût bientôt fait périr
Des vieillards de trente ans , blasés par le plaisir.
Tu vois nos *merveilleux* rendus d'après nature (30)
Sous leur costume étrange , à leur bizarre allure.

Je reconnais, Damis, pour fier républicain ;
Scevola-Pantalon ou *Brutus-Arlequin*. (31)

N O T E S

Sur le Discours III.

(1) Nous entendons parler ici de ces prêtres qui étaient
bien moins les ministres de l'Éternel que les serviteurs de
Balaal, de ces prêtres ultramontains qui auraient voulu,
comme au XIIe siècle, nous faire encore ployer sous le joug
du vieux Muphty latin, résidant à Rome, et nous faire
baiser à tous, avec un saint respect, la *sacrée mule* ; de leur
Pape. Enfin, nous entendons parler de ces gros prieurs,
de ces gros abbés commendataires, de ces riches bénéficiers,
de ces évêques gorgés d'or et de luxure, qui étaient la honte
d'une religion qu'ils prêchaient sans y croire, et le scandale de l'État qu'ils troublaient par leurs sottes et pitoya-
bles disputes.

(2) Notre heureuse Constitution actuelle nous met à
l'abri de toute tyrannie héréditaire et de tout pouvoir arbitraire de longue durée. Notre gouvernement devenu repré-
sentatif, il faudrait supposer, pour craindre désormais le
despotisme, que tous les Français sont despotes par caractère
et tyrans par inclination. Ce qui n'est pas : et comme tous
les citoyens sont appelés, soit à la représentation nationale, soit aux grandes magistratures de la République,
nous n'avons plus à redouter ces funestes et dangereux
abus du pouvoir confié à un seul et à ses agens qui souvent
valent encore moins que lui, comme nous en avons fait tant
de fois la triste épreuve. Il ne dépend plus que de nous
d'être bien gouvernés à l'avenir : faisons de bons choix et
n'accordons notre confiance qu'aux hommes qui la méri-

tent par leur savoir, et sur-tout par une conduite exempte
de reproches.

(3) Le *pouvoir législatif*, le *pouvoir exécutif* et le *pouvoir judiciaire*; tout État où ces trois pouvoirs sont ba-
lancés, et dans une juste équilibre, est bien organisé.

(4) *Salus populi suprema lex esto* : le salut du peuple
doit être la suprême loi du Législateur: Tout Législateur,
dit le savant redacteur de cet article dans l'Encyclopédie,
doit se proposer la sécurité de l'État et le bonheur des
citoyens. Les hommes, en se réunissant en société, cher-
chent une situation plus heureuse que l'état de nature, qui
a deux avantages, la *liberté* et *l'égalité*; et deux inconvéniens, le *crainte de la violence* et la *privation de
secours*, soit dans les besoins nécessaires, soit dans les
dangers. Les hommes, pour se mettre à l'abri de ces inconvéniens, ont consenti à perdre une portion de leur liberté
et de leur égalité. Le Législateur a donc rempli son objet,
lorsqu'en ôtant aux hommes le moins possible d'égalité
et de liberté, il leur a procuré le plus qu'il est possible de
sécurité et de bonheur. Pour que les hommes sentent le
moins qu'il est possible qu'ils ont perdu en partie les deux
grands avantages de l'etat de nature, la liberté et l'égalité,
le Législateur, dans tous les climats, dans toutes les circonstances, dans tous les gouvernemens, doit se proposer
de *changer l'esprit de propriété en esprit de communauté* Les législations sont plus ou moins parfaites, selon
qu'elles tendent plus ou moins à ce but; et ce n'est qu'à
mesure qu'elles y parviennent le plus, qu'elles procurent le
plus de sécurité et de bonheur possible. Chez un peuple
où règne *l'esprit de communauté*, l'ordre du magistrat
ne paraît point un ordre, parce que chaque citoyen y est,
comme dit Métastase, l'ami et non l'esclave des lois.
Chez ce peuple, l'amour de la patrie est le seul objet qui
*unit les rivaux, éteint les jalousies, éloigne les divi-
sions ;* chaque citoyen ne voit dans tout citoyen qu'un
membre utile à l'État : tous marchent ensemble et contens

vers le bien commun. L'amour de la patrie donne le plus noble de tous les courages; on se sacrifie volontiers pour ce qu'on aime autant et plus que soi.

(5) Notre *paix* actuelle n'est que division entre tous les corps, tous les états, tous les individus; notre *humanité* n'est qu'égoïsme; notre *amitié*, trahison; notre *justice*, spoliation; notre *fraternité*, haine, vengeance, assassinat. Graces à nos dénominations meurtrières de *cordeliers*, de *feuillans*, de *jacobins*, de *chouans*, de *royalistes*, d'*aristocrates* et de *patriotes!* ce n'est pas trop dire que d'avancer que nous sommes aujourd'hui *amis comme chiens et chats*, *humains* comme des loups dans la bergerie, *justes* comme des renards dans le poulailler, et *frères* comme des tigres affamés et des lions devorans; et puis fiez-vous aux belles légendes qui ornent les façades de nos maisons! Que nous faut-il pour faire cesser des abus si révoltans, pour créer des hommes tout brûlans de l'amour des vertus que nous affichons? l'éducation républicaine, des mœurs et de grands exemples de la part de nos chefs.

(6) Nous avons poussé si loin la folie de ces inscriptions mensongères, que nous avons mis jusques sur la porte des prisons : *liberté*, *humanité*, *fraternité*; où diable! la liberté et l'humanité vont-elles se nicher? qui s'attendrait à les trouver sous dix portes de fer et cinquante verroux?

(7) *Versailles*, ville fort considérable à quatre lieues de Paris, où les rois faisaient leur résidence. On a remarqué avec plaisir que les simples citoyens de cette ville, l'une de celles qui ont tout perdu à la révolution, n'ont cessé de donner des preuves d'un patriotisme aussi ardent qu'éclairé. Quant aux grands *seigneurs*, aux *heros* de la Cour, *autant en emporte le vent*.

(8) Pour peu qu'on reflechisse sur le nombre des Autorites qui pèsent sur le peuple et qui agissent pour ou contre lui dans des principes opposés et des sens trop souvent divergens, on ne peut s'empêcher de croire que ce bon

peuple est exposé à se voir , en cent occasions , plutôt
gouverné par l'arbitraire et la passion , que par la justice
et la vérité. Il est donc bien moins traité en peuple libre
qu'en nation esclave. Gardons-nous toute fois d'imputer ce
malheur à notre Constitution actuelle , dont nous ne
saurions trop , je le répete, respecter et chérir la sagesse. Ce
vice de l'administration est une suite de l'ignorance , de la
paresse , ou de la malveillance de certains individus qu'il nous
faut à l'avenir soigneusement écarter des fonctions publiques.
Quel bien peut opérer, ou plutôt quel mal ne doit pas
faire l'homme en place qui manque des vertus domestiques et privées ? Quiconque n'est pas bon fils , bon mari ,
bon père, bon ami , n'est qu'un très-mauvais citoyen , et
tout mauvais citoyen ne peut être , à coup sûr , qu'un
fonctionnaire public aussi dangereux que perfide.

(9) *Solon* , célèbre législateur des Athéniens et le 2e. des
sept sages de la Grèce ; il naquit à Athènes, dans la XXXVe.
Olympiade , environ 640 ans avant l'Ere chrétienne. Il
fut nommé Archonte (chef ou premier Magistrat de la
République) et souverain législateur ; il refusa constamment la Royauté qu'on lui offrait. Ce grand homme établit
dans sa patrie la meilleure forme de Gouvernement dé-
mocratique ou populaire, connue jusqu'alors. Toutes ses
lois , bien plus que celles de Lycurgue , attestent son attachement aux principes et son respect pour les mœurs.
Après avoir donné aux Athéniens une constitution digne
d'un peuple libre, mais qui ne méritait pas de l'être, *Solon*
entreprend de voyager chez les Nations les plus florissantes
de son tems. Il parcourt toute la Grèce , et passe ensuite
à la Cour de *Crésus* , Roi de Lydie , le plus riche monarque qui existe alors. Vainement ce despote se flatte d'éblouir
notre Sage , en étalant avec orgueil à ses yeux ses trésors
et en déployant toute sa magnificence ; *Solon* a le courage de lui dire qu'il ne l'estime pas plus grand que le plus
obscur des citoyens, et que les Rois étant, comme les
autres hommes , soumis aux caprices de la fortune , nul individu

dividus ne peut se dire heureux avant sa mort. Pisistrate, s'étant emparé du pouvoir suprême pendant l'absence de *Solon*, notre Sage, en mourut de regret loin de son ingrate et malheureuse patrie.

(10) *Premier livre de* l'Utopie. J'ai donné, en 80 (v. st.) la traduction la plus exacte et la plus fidéle de cet ingénieux Roman politique, dont la deuxième édition est presque entièrement épuisée. J'espére, dans un tems plus favorable, en donner une troisième édition avec le texte latin à côté. *T. Morus*, son auteur, était Chancelier d'Angleterre; il naquit à Londres en 1482, et y fut décapité en 1555, par les ordres de l'infâme Henri VIII, pour s'être courageusement opposé au divorce de ce lâche tyran avec Catherine d'Aragon, et à son mariage avec Anne de Boulen, sa concubine. Les Anglais catholiques célèbrent la fête de T. Morus comme celle d'un martyr de leur religion, parce que ce philosophe ne voulut jamais reconnaître le Roi pour chef de l'église Anglicanne.

(11) *Mentor ou Nestor,* (c'est le même personnage), était Roi de Pyle, petite contrée de la Grèce. Agamemnon le conduisit au siége de Troyes où il se signala par sa valeur et plus encore par son éloquence et sa haute vertu. Homère et tous les poëtes après lui n'ont cessé de combler *Mentor* d'éloges, et de le proposer pour modèle à tous les gouvernans.

(12) Tous les hommes de la Convention furent des faiseurs de lois; mais qu'il s'en faut bien que tous fussent des Législateurs! Est-ce donc dans une étude, dans un séminaire, dans une boutique et dans une tuerie qu'on apprend à le devenir?

(13) Est-ce un crime que de croire que certains de ces *messieurs* se sont enrichis à nos dépens? Les *Chabot,* les *Danton,* les *Fabre,* les *Couthon* et puis celui-ci et puis celui-là, et enfin tant d'autres ont tellement pressuré la République, qu'ils l'ont presque entièrement épuisée.

(14) C'est ainsi que les *Collot,* les *Billaud* et quelques autres, qui croupissent aujourd'hui dans leur fange,

I

se flattaient d'être de. grands hommes d'état et en savoir
cent fois plus que les *Jeannin*, les *Sully*, les *Mathieu
Molé*, les *Colbert*, les *d'Aguesseau ;* lorsque la tête
remplie des vapeurs fuligineuses du Champagne ou du
Bourgogne, qu'ils avaient largement sablé à leur dîner, ils
accouraient faire dans les sociétés populaires ces mo-
tions terribles, ces dénonciations fausses, absurdes, extra-
vagantes, qui faisaient soudain fuir de l'Assemblée tous les
bons citoyens, comme nous l'avons tant de fois remarqué.

(15) O honte ! ô scandale ! J'assistais un jour à une
séance du Corps législatif, et j'ai entendu un Représentant
du peuple avancer et vouloir, en quelque sorte, persuader
que dans tout État policé *on avait bien moins besoin
de mœurs que de lois ;* que ces dernières suffisaient. Fou
ou méchant, aveugle ou pervers ! toutes les fois qu'un individu pourra se soustraire impunément à l'action, à l'empire de la loi, que sera-t-il s'il n'a pas de principes et de
mœurs ?

(16) *Laïs*, fameuse Courtisanne grecque ; elle était de
Sicile et vint s'établir à Corinthe, ville autrefois fort dé-
criée par sa licence et son libertinage. *Démosthènes*, épris
des charmes de *Laïs*, veut s'en passer la fantaisie : le
prix qu'elle met à sa complaisance, refroidit soudain l'orateur d'Athènes. La Courtisanne lui demande dix mille
drachmes, (environ 4000 liv. de notre monnaie actuelle).
Je ne suis pas tenté de payer si cher un repentir , lui
répond *Démosthènes. Diogène*, le *sans-culotte ,* le plus
sale et le plus dégoûtant de son siècle , s'éprend aussi
d'une violente passion pour *Laïs ,* qui l'écoute et lui
accorde tous les droits de l'amant heureux. Quel amour
du *vénérable sans-culottisme !*

(17) *Bazar ,* nom de certains marchés publics de
Constantinople.

(18) *Étienne Jodelle ,* Poëte français du XVIe siècle.
Ses pièces respirent la licence du tems ; elles sont, d'ail-

leurs, écrites dans un style si diffus et si barbare, qu'il est impossible d'en soutenir la lecture.

Thalie, l'une des neuf Muses.

(19) *Zeuxis*, célébre Peintre de l'Antiquité. Il était d'Héraclée, que l'on croit être celle d'Italie près de Crotone ; Zeuxis porta l'art de la peinture à un si haut dégré de perfection, que nul peintre ne l'a égalé depuis. Pline rapporte que ce grand maître ayant disputé le prix à *Parrhasius*, autre peintre non moins célébre, peignit si bien des raisins, que les oiseaux fondaient dessus pour les becqueter. *Parrhasius*, de son côté, peignit si artistement un rideau, que *Zeuxis* le prit pour un vrai rideau qui cachait le tableau de son rival. Plein de confiance, il demande qu'on tire vite ce rideau pour voir l'ouvrage de *Parrhasius* ; mais ayant reconnu sa méprise, il s'avoue vaincu, puisqu'il n'avait trompé que des oiseaux, et que son concurrent avait trompé les maitres, même, de l'art.

(20) *Bagnos*, espèce de tavernes ou lieux publics de débauche à Londres. Nous désignons ici par ce mot les petits spectacles, les bals, etc.

(21) *Sycophantes*, vieux libertins de profession ; ces individus lâches et méprisables, qu'on désignait autrefois sous le nom de souteneurs de tripots, de mauvais lieux, etc.

(22) *Macaronis, bambochades, caricatures, calotines*, etc.

(23) Bien que le nombre des journaux se soit multiplié à un point qu'il sera bientôt impossible de les compter, il en est quelques-uns, dans la foule, qui méritent d'être distingués et qui se distinguent assez d'eux-mêmes ; et parmi ceux-là nous estimons principalement ceux qui ne sont pas assez vils pour vendre leur plume aux fureurs des partis ; ceux dont les rédacteurs ne consacrent leurs talens qu'à la défense de la vérité, de la justice et de l'humanité. Quant aux coupables individus qui n'écrivent que pour favoriser les factieux, que pour égarer le Peuple dont ils se disent les amis et dont ils ne sont que les corrupteurs criminels ; nous osons les dénoncer à tous les gens de biens, à tous les bons républicains, comme les ennemis les plus implacables de leur repos et de la tranquillité publique.

(24) *Pierre Corneille*, le premier des poëtes tragiques Français, né à Rouen en 1606, mort à Paris en 1684. Il faudrait être un autre lui-même pour faire son eloge ; certes il n'eût pas eté Royaliste s'il eût vécu de notre tems, car il avait l'ame d'un Romain, aux beaux jours de la République.

Nous ne saurions rendre un pareil hommage à *Jean Racine*, autre poëte Français, l'heureux émule du grand Corneille. Il naquit à la Ferté-Milon en 1639, et mourut à Paris en 1699. *Racine* n'a pas la sublime élévation de l'auteur de *Rodogune*, de *Cinna*, des *Horaces*, mais aussi n'a-t-il pas ses défauts : on peut même assurer que ses belles pièces sont de véritables chefs-d'œuvres de l'Art. Il est impossible de faire des vers plus doux, plus coulans, plus harmonieux ; et d'employer avec plus de grace et de goût les richesses de la langue, et les trésors de la poësie. On est presque coupable de faire des vers quand on a lu ceux de Racine.

(25) *Claude Perrault*, médecin, abandonne sa première profession pour se livrer à son goût dominant pour l'architecture, il fait de si grands progrès dans ce bel art, qu'il acquiert bientôt une réputation immortelle. C'est sur les dessins de *Perrault* qu'ont été élevés la superbe, la magnifique colonade du Louvre, l'arc de triomphe du faubourg Antoine, l'Observatoire, la chapelle de Sceaux. Et voilà le grand homme que *Boileau* ose dénigrer dans ses vers !

(26) *Nicolas Poussin*, l'un des plus grands peintres de l'École Française. Il était d'Andely : persécuté à Paris par les envieux de son rare talent, et sur-tout par *Vouet* et ses partisans, *Poussin*, jeune encore, se retire à Rome où il est accueilli. Né sans autre ambition que celle de se perfectionner dans son art ; Poussin n'amasse point d'im-

menses trésors, comme plusieurs de ses confrères. Il se plaît à
vivre dans cet état de médiocrité d'or, qui ferait toujours
le bonheur de l'homme, si l'homme savait toujours s'y
borner. *Poussin* meurt en 1665 à l'âge de 71 ans. Entre
autres tableaux de ce grand maître, se trouve la collection
des sept sacremens, suite précieuse dans laquelle le sa-
crement de mariage, très-inférieur en mérite aux autres,
donna lieu, dans le tems, à l'épigramme suivante.

Parmi les sacremens dont l'élégant Poussin
Sur la toile exprima le divin caractère,
Au mariage seul, ni son docte dessin,
Ni son art n'ont forcé le critique à se taire.
    Tiens-toi, lecteur, pour avisé,
    Considérant cette aventure,
    Qu'un mariage est mal-aisé
    A faire, même en peinture.

N. Calot, peintre, dessinateur, graveur : il s'est fait
une assez grande réputation, principalement dans le
genre grotesque, autrefois fort en vogue, mort depuis,
et que nous venons de ressusciter. *Gaudeant bene nati* !

(27) *Gymnase* était dans la Grèce un lieu où l'on
faisait les exercices du corps, et où on apprenait à les
faire. Par la suite ces Gymnases devinrent des espèces
d'écoles publiques où s'assemblèrent les philosophes pour
y donner, par manière de conversation, des leçons de
politique et de morale.

(28) *Palais-Royal*. Vainement l'a-t-on décoré du nom
insignifiant de *Palais-Egalité*. En dépit de nos prétendus
patriotes, il est toujours resté *Palais-Royal*, et si *Royal*,
qu'on n'y trouve, à toute heure de jour ou de nuit, que
des filous, des agioteurs et des catins. C'est là qu'on ren-
contre journellément *Aristide le farceur*, *Anaxagoras
le juif*, *Anacharsis l'escamoteur de pistoles*, *Brutus
le tyrannicide de mouches*, *Scœvola l'enfileur de perles*,
etc., etc., etc.

(64)

Verrès, fameux agioteur, concussionnaire, accapareur, enfin, un digne commensal des *Palais-Royaux* de son tems. Les Romains l'ayant envoyé en Sicile, ce maître fripon, le très-digne patron des nôtres, pille cette Province et y fait un butin immense. Cicéron s'élève avec tant de véhémence contre ses exactions effroyables et ses scandaleuses dilapidations, qu'il le fait condamner à réparer tout le dommage par lui causé aux particuliers, et de plus à des amendes considérables au profit de la République. *Bravo*, Cicéron, *bravissimo!* Quand donc viendra le tour de nos *Verrès* Français ?

(50) *Les merveilleux*, *les incroyables*, nouveaux noms de baptême des aristocrates et des royaslites. Cette sotte manie des sobriquets ne finira-t-elle point?

(51) *Pantalon* et *Arlequin*, noms de deux personnages ridicules des misérables farces italiennes.

Mutius Scevola, aussi surnommé *Cordus*. Cet illustre Romain rendit son nom fort célèbre dans la Grèce contre *Porsenna* Roi d'Étrurie (la Toscane.) Ce Prince voulant rétablir les Tarquins sur le trône, vient mettre, à cet effet, le siége devant Rome. *Mutius*, résolu de se sacrifier pour son pays, entre dans le camp des ennemis, pénètre jusqu'à la tente du Roi, et poignarde son secrétaire qu'il prend pour le Monarque. Arrété sur le champ et interrogé, *Mutius* répond avec fierté : *Sache*, *Porsenna*, *que nous sommes trois cents jeunes Romains qui avons juré devant les Dieux de mourir tous ou de te tuer au milieu de tes gardes.* *Porsenna* le condamne aussitôt à avoir la main droite brûlée. *Mutius* la porte lui-même sur un brâsier ardent qui se trouve près de lui, et la laisse brûler devant sa Cour avec une fermeté et une constance qui glace d'effroi tous les spectateurs. Le Roi étonné, et touché de l'intrépidité de ce Héros républicain, ordonne qu'on l'éloigne à l'instant du brâsier, lui rend sa liberté, le renvoye à Rome, et peu de tems après fait sa paix avec les Romains. *Scevola* veut dire *gaucher. Mutius*,

s'étant brûlé la main droite, ne se servait plus que de
la gauche. Voyez sur *Brutus* les notes du premier discours.

DISCOURS IV.

NE serons-nous jamais que ces serviles êtres,
Qui, fiers de partager les vices de leurs maitres,
Se croyaient des héros et des hommes *divins*,
Quand ils n'étaient, au plus, que de tristes pantins ? (1)
Tels nous fûmes long-tems sous notre ancién régime :
Du moment qu'ils ont vu, Liberté magnanime,
De ton feu pétillant étinceler nos cœurs ;
Que devaient faire alors tes ardens fondateurs,
Si tous, pour ta conquête, enflammés d'un saint zèle,
Aspiraient à nous rendre en effet dignes d'elle ?
Ils devaient s'empresser de changer à la fois,
Nos principes, nos mœurs, nos esprits et nos lois. (2)
Le peuple veut le bien, il le veut, le désire ;
Et pour le rendre heureux, il ne faut que l'instruire.
Sur ses vrais intéréts, prétends-tu l'éclairer ?
Commence donc, Damis, par le régénérer. . . . . .
Mais, où suis-je? grands Dieux ! Quel affreux Vandalisme (3)
Se parant des couleurs du chaud patriotisme,
Dans les débris sanglans des Beaux Arts qu'il détruit
Croit, du républicain voir respirer l'esprit ?
Et pourquoi mutiler ces orgueilleux emblèmes, (4)
Ces faisceaux couronnés, ces lys, ces diadèmes ;
Ah ! Plutôt, insensés, arrachez de vos cœurs,
Arrachez des tyrans, les vices destructeurs !
Tant que leurs faux attraits, leurs dévorantes flammes,
Du feu des passions embrâseront vos ames.
Tremblez ! à chaque instant, sous un maître nouveau,
Je vois la République aux portes du tombeau !

Pour immortaliser sa brillante carrière ,
En rendant au Français sa dignité première
Sur l'abus et le vice , à tes pieds , abattus ,
Fonde , législateur , le règne des vertus ;
De ses vieux préjugés , ennemi redoutable ,
Bientôt tout citoyen , patriote estimable ,
Baissant, avec respect , son front devant tes lois ,
Trouvera son bonheur dans la haine des Rois !
Mais sage, modéré, grave en son caractère ,
Jamais notre Sénat déclare-t-il la guerre
A ces travers de mode , à ces vices brillans,
Enfans de la faveur à la Cour des tyrans? (5)
De Socrates nouveaux, le formant à l'école, (6)
Daigne-t-il rappeler un peuple trop frivole
A la simplicité de ses antiques mœurs,
Et rapprocher ainsi les esprits et les cœurs?
Amis brûlans des arts , de l'active industrie ,
Vous a-t-on jamais vus pères de la Patrie,
Pour l'élever au rang des grandes Nations,
Fondre, dans son amour , toutes vos passions ?

    Que dis-je en ce moment? Barbares , ce sont elles,
Ce sont vos passions avares et cruelles ,
Qui divisant le Peuple , égarant le Sénat,
Ont vomi tous les maux qui désolent l'État.
Et qu'avions-nous besoin de vos lâches disputes , (7)
De vos cris scandaleux , de vos sanglantes luttes ?
Alors que vous deviez régner sur les Français ,
Par votre heureux accord , par le droit des bienfaits ,
Et l'exemple imposant de cent vertus sublimes !
Au lieu de ces vertus, qu'apperçois-je ? des crimes ,
Des parjures , des vols et des assassinats ? (8)
Certains ambitieux, nouveaux Catilinas, (9)
Conçoivent, dites-vous, la coupable espérance
De *Fédéraliser*, de morceller la France ; (10)
Vous les livrez soudain au glaive de la loi,
Cependant aujourd'hui sans pudeur et sans foi ,

Vous

Vous , venez hommes faux , hommes pusillanimes ,
Pleurer sur le cercueil de vos tristes victimes !
Traîtres , vous leur plongez le poignard dans le sein ,
Et vous apitoyant sur leur affreux destin' ,
Maintenant vous brûlez d'ériger , à leur gloire ,
Un monument public qui venge leur mémoire ? (11)
Ne tuez-vous les gens que pour vous procurer ,
Le plaisir de les plaindre et de les honorer ?
Représentans si bons , humains , au cœur si tendre ,
S'ils étaient innocens , il fallait les défendre ,
Les couvrir de vos bras contre leurs ennemis ;
Ou ne pouvant sauver ces généreux proscrits ,
Dans l'immortel élan d'une ardeur peu commune ,
Il fallait , pour tombeau , choisissant la tribune ,
Offrir et nous laisser , en y mourant pour eux ,
Du plus beau dévouement l'exemple vertueux !
Mais alors vil troupeau conduit par *Robespierre* ,
Dans votre enthousiasme aveugle et sanguinaire ,
Vous livrez vos amis a ce monstre irrité :
Qui les égorge donc ? c'est votre lâcheté.

Envain supposez-vous , pour le charger du crime ,
Un mannequin-tyran qui règne et vous opprime ,
Quoi ! vous frappez les rois et vous laissez lier
Par la débile main d'un chétif écolier ! (12)
Et qui donc les créait tous ces héros frivoles ,
Que vous seuls éleviez au rang de vos idoles ,
Que vous brisiez après , comme autant d'instrumens ,
Ne pouvant plus servir à vos desseins présens ?
Lorsque pour repousser vos plus vives allarmes ,
Vous pouviez disposer des soldats et des armes ,
Que vous teniez en main la clef de nos trésors ,
Qui n'eût pas succombé sous vos puissans efforts ,
Quel insecte , puni de son orgueil étrange ,
Ne serait pas soudain retombé dans sa fange ,
Si de la liberté , chancelante au berceau ,
Les illustres vengeurs ne formant qu'un faisceau ,

K

Pour tous les factieux insurmontable digue,
Avaient su les combattre, anéantir leur ligue,
Et d'un seul coup mortel frapper tous les partis !
  Quand cet objet si grand vous a-t-il réunis ?
Où sont ces beaux décrets et ces doctes ouvrages
Qui, répandant sur nous leurs nombreux avantages,
Verront notre bonheur, par eux seuls, enfanté,
S'accroitre et s'embellir pour la Postérité ? (13)
Où sont-ils ? Quand vos lois portent toutes l'empreinte
D'un esprit qui, terrible ou modéré par crainte,
Change au gré du parti foudroyant le vaincu,
La vertu sainte, en crime, et le crime en vertu ?
Tantôt durs et cruels, tantôt faibles, serviles ;
Pouviez-vous ignorer êtres si versatiles,
Que par-tout l'homme, armé contre la passion,
Par-tout vole au-devant de la sage raison ?
  Serait-ce elle, en effet, qui marâtre cynique,
Vous eût dicté la loi honteuse, impolitique,
Dont le cupide esprit, flétrissant le Sénat,
Porta le coup mortel au trop frêle assignat ? (14)
Moins affamés d'honneur que très-friands *d'épices*, (15)
Nos députés, fort cher nous vendant leurs services,
Ne sauront-ils jamais, fiers d'en si bon métier
Se pourvoir de vertus que chez leur trésorier ?
Qu'il est déshonorant ce décret mercénaire,
Qui, du Législateur, vient doubler l'honoraire !
Depuis ce jour fatal, le Peuple souverain
Souvent jeûne à diner, et le soir est sans pain !
De ses trop longs malheurs ce n'est pas-là le pire ;
Il en est un, Damis, que j'ai peine à décrire,
C'est son entier oubli de ce grand sentiment,
Qui faisait préférer sa parole au serment ! (16)
Mais succombant hélas ! sous l'horrible famine,
Sous l'avide besoin qui tous nous assassine,
Voit-il sa bourse vuide ou son comptoir à sec,
Il est faux comme un juif et trompeur comme un grec ; (17)

Apre à se procurer un gain trop nécessaire,
Il ment, il se parjure ; et le triple faussaire,
Pour un infame écu que dévorent ses yeux,
Vendrait sa liberté, son pays et ses Dieux !

Tel est l'état du Peuple, et voilà ton ouvrage!
C'est la mobilité de ton Aréopage, (18)
Qui déversa sur nous ces fléaux destructeurs :
Dans l'art de gouverner des mortels créateurs,
Déployant les trésors du plus brillant génie,
Auraient de tous ces maux préservé ma Patrie,
Heureux, à ses besoins, d'égaler leurs bienfaits,
Tous lui sacrifiant leurs plus chers intérêts, (19)
Ils auraient, dans leurs cœurs, puisant leur politique,
Sur notre amour, pour eux, fondé la République, (20)
République immortelle, inévitable écueil
Où de cent rois vaincus se fût brisé l'orgueil !

* * *

N O T E S

Sur le Discours I V.

(1) Dans l'ancien régime, la liberté civile était sans
bornes, pourvu qu'on ne se mêlât pas des affaires de la
religion, du gouvernement, et qu'on respectât l'autorité des
parlemens ou plutôt des parlementaires. Sur quel objet
pouvait donc s'exercer notre liberté ? sur les matières de
sciences abstraites, sur les spéculations, les systêmes, et
enfin, sur tous les objets d'agrément. Comme tous les
hommes ne sont pas doués du génie propre à la culture
des sciences et des arts, il ne faut pas s'étonner si la plûpart d'entr'eux passaient leur vie à traiter gravement les
sujets les plus futiles. Les uns dépensaient donc tout leur
esprit en croquis, en caricatures ; les autres s'épuisaient
en chansons, en vaudevilles sur les ministres et les favo-
rites : ceux-ci combattaient pour tel acteur ou telle actrice,

ceux-là nous inondaient d'écrits graveleux et de petits romans dignes de l'Arétin. Le gouvernement avait l'air de se fâcher quelquefois contre cette licence; au fond il la tolérait comme un moyen très-propre à contenir le peuple qui, pendant qu'il se livrait tout entier à ces futilités, laissait les gens en place gouverner pour le mieux, (c'est-à-dire pour le plus mal) dans le meilleur des mondes possibles.

(2) On ne saurait trop le répéter, c'est sur la régénération de nos principes et de nos mœurs qu'il fallait fonder la République : elle est assise, mais sur quels fondemens ? Sages Législateurs actuels, empressez-vous de réparer les fautes de vos prédécesseurs, donnez-nous au plutôt d'autres principes, d'autres manières d'être, d'autres sentimens, sinon vous forceriez quelque nouveau *Montesquieu* à vous retracer, avant peu, d'une plume brûlante et rapide les causes de la décadence de notre République, dont la gloire et la durée dépendent de la sainteté de nos mœurs. *Quid vanæ proficient sine moribus leges ?*

(3) Il faut lire l'éloquent rapport de *Grégoire*, si l'on veut se former une juste idée des terribles effets de ce Vandalisme. On sait que lors de l'irruption des Goths et des Vandales, (aujourd'hui les Prussiens en partie, et en partie les Saxons et les Polonais) dans les plus belles contrées de l'Europe, ces barbares, ennemis forcenés des sciences et des arts, et plongés dans la plus profonde ignorance, mutilent, saccagent, pillent et incendient les monumens les plus vantés qu'ils trouvent chez les peuples policés, au milieu desquels ils portent la désolation, le carnage et la mort. Qui se serait jamais imaginé que ces fureurs ostrogothiques se renouvelleraient parmi nous et sous les yeux de toutes les Autorités constituées qui garderaient un silence absolu !

(4) Plusieurs décrets ordonnent qu'on enlevera les emblèmes de la royauté par-tout où ils se trouveront empreints. Conformément à ces décrets, de la cave au

grenier, du pavé du sanctuaire jusqu'à la voûte, on ne manque
pas de tout gratter, limer, arracher, emporter; on pousse
l'attention minutieuse jusqu'à nous faire *retourner nos
plaques de cheminées*; puis, l'opération faite, on nous dit:
il n'y a plus une seule fleur-de-lys en France; croissez
et multipliez, frères et amis, vous voilà républicains!
Oui, *républicains du Palais-Royal; républicains d'eau
douce.* Républicains, pourvu qu'il y ait de l'argent à gagner;
républicains pour être appelés aux emplois aux magistratures,
aux dignités les plus éminentes et aux postes les plus
lucratifs de la République, dont chacun veut à son tour
tirer aile ou pied; républicains, enfin, pour acheter *gratis*
les plus riches domaines nationaux, pour tenir bonne
table, faire bombance, en un mot représenser, non
en bons et fidèles mandataires du peuple, non en Magistrats intègres, non en mâles Spartiates, en vertueux
Romains, mais en Français de l'ancien régime, en Français
tout couverts encore de *la lèpre des vices Royaux*, en
petits grands-Seigneurs de nouvelle création, en modernes parvenus, grace à l'accaparement, à l'agiotage et
aux dilapidations! Les voilà les conditions auxquelles nous
voulons bien être républicains. *Pecunia, pecunia primùm;
virtus post nummos: des écus, force écus; après, la
République!* Cerveaux étroits! petits génies! N'est-ce pas
au fond de nos ames cadavéreuses que se tapissent les vices
honteux, les affections déréglées, toutes les passions détestables des tyrans? C'était donc nos ames, c'était nos
cœurs, et non pas nos *plaques de cheminées* qu'il vous
fallait faire retourner et changer. *La monarchie n'est
pas un Roi, c'est le crime; la République n'est pas
un Sénat, c'est la vertu.* Ce mot *de Saint Just* est
une grande vérité. Par-tout donc où se trouve le vice, la
Royauté subsiste toujours; par-tout où la vertu n'est pas,
la République n'existe point.

(5) L'éducation des gens de qualité n'était, dans l'ancien régime, que l'art de rendre un homme le plus nul

ou le plus immoral possible. Amuser les femmes, les sé-
duire, les tromper, elles et leurs époux, voilà à-peu-près
à quoi se bornait tout le savoir d'un joli homme, d'un
homme *divin*, d'une charmante poupée de Cour. Véritable être hermaphrodite, il tenait au plus faible des
deux sexes, par ses ridicules, et au plus fort, par ses vices ;
il faisait le désespoir de l'un par sa coquetterie, et la honte
de l'autre par le scandale de ses mœurs ; tous ces *messieurs*
étaient des héros à la Cour. C'était à qui les pousserait
en faveur ; *Comtesses*, *Duchesses*, *Princesses*, dussent-
elles employer *le verd et le sec*, toutes aspiraient à
l'immortel honneur de *faire un homme*, ainsi qu'on s'exprimait au bon tems des Idoles, des Pagodes et des Pantins.

(6) *Socrate*, célébre Philosophe d'Athènes. Il forme
un grand nombre de disciples, dont plusieurs l'égalent en
savoir et en réputation, entr'autres *Platon*, surnommé
Divin. Des fanatiques, lâches, envieux du mérite de
Socrate, ont l'audace de l'accuser d'impiété, et les Athéniens, peuple le plus frivole de l'Antiquité, ont la faiblesse de croire à cette absurde dénonciation, sur laquelle
ils condamnent *Socrate* à la mort. Ce respectable philosophe, après avoir vécu en sage ; sait mourir en héros.
Il prend la ciguë, l'avale sans se plaindre, et expire en
priant pour ses ennemis qui, néanmoins, subissent, peu
de tems après, le châtiment dû à leur scélératesse. Le
savant *Erasme* avoue qu'en réfléchissant sur les vertus
de *Socrate*, il ne pouvait s'empêcher de s'écrier : *Sancte
Socrates, ora pro nobis* ! Saint Socrate, priez pour nous.

(7) Ce passage a rapport aux premières querelles entre
Brissot et Robespierre, sur la guerre à faire, ou la paix
à conserver.

(8) Lisez, si toutefois vous pouvez en soutenir la lecture,
l'histoire dégoûtante des *Lebon*, des *Carrier*, des *Marat*,
des *Billaud*, etc, et vous serez convaincus que nous
avons adouci en cet endroit les traits de notre pinceau,
pour ménager la sensiblité des ames sensibles, douces,

aimantes , les seules qui soient véritablement républicaines.

(9) *Lucius Catilina* , issu d'une famille Patricienne,
avait conçu l'affreux projet de mettre Rome à feu et à
sang, de s'emparer du pouvoir suprême, et de démembrer
la République, pour la partager entre lui et ses com-
pli. es. Cicéron, averti à tems par une des maîtresses de
Catilina , déjoue cet exécrable complot. Les plus coupables
conjurateurs sont arrêtés, leur jugement leur est fait,
prononcé et exécuté sur l'heure. *Catilina* prend la fuite
et passe dans l'Etrurie, où il se met à la tête de quelques
vagabonds mal armés. *Antoine* fait marcher contre lui
Pétréius , son lieutenant. Celui-ci atteint le chef de la
conjuration, qui se bat en désespéré. Prêt de tomber
entre les mains du vainqueur, il se fait tuer par un misérable esclave, pour échapper à la juste punition de ses
forfaits. Conspirateurs modernes, qui que vous soyez tous ,
profitez de la leçon. Si vous n'êtes pas pires que *Catilina* ,
vous ne valez pas mieux que lui : son sort vous menace.
Prévenez-le , ou la mort et l'infamie sont là qui vous
attendent.

(10) Oui ou non , le *fédéralisme* a-t-il existé ? Vingt
pièces pouvant servir de monumens historiques semblent
prouver sa réalité : cent décrets de la Convention semblent
l'attester et la dénoncer à toute la France : cependant
les réactionnaires soutiennent aujourd'hui que *jamais fable
ne fut mieux ourdie que celle du fédéralisme*. De son
côté la Convention convient que la peur lui a fait rendre
des décrets contre un monstre dont tout le monde a parlé,
que personne n'a vu, et qu'elle même n'a jamais connu.
Que croire? *fiat lux !* Si le projet insensé de rompre
cette précieuse *unité*, cette *unité*, gage du salut de
tous , n'a jamais entré dans aucune tête, pourquoi donc
nous répéter jusqu'à satieté : *unité, indivisibilité de
la République ?* Cette legende est au moins inutile ;
disons mieux , elle est dangereuse , puisqu'elle suppose l'exis-

tèrce ou donne l'idée d'un crime qui ne pourrait se ré-
aliser sans entraîner la perte de la Patrie.

(11) Bien que cette motion ait été faite par *Dussault*,
certes ce n'est pas lui qu'il faut accuser de mauvaise
foi, puisqu'il a été proscrit pour s'être opposé à la fatale
journée du 31 mai : ce sont ses collègues qui, ayant approuvé
dans le tems l'insurrection, aujourd'hui s'élèvent contre.
Entr'autres ouvrages estimables, nous devons au député
Dussault, une élégante traduction de *Juvénal*, dont
la troisième édition vient de paraître.

(12) La Convention, appelée pour juger un Roi traître
et populicide, venait, d'une main ferme et hardie, de
renverser son trône, et de proclamer solennellement la République. A l'instant, les trames, les complots, les conju-
rations fondent sur son berceau, agité déjà par les fureurs des grandes factions dont nous avons précedemment
parlé. Tandis qu'elles déchirent l'intérieur, à l'extérieur
l'ennemi triomphe. Maître de la frontière du Nord, déjà
l'insolent dans sa joye féroce, menace la ville centrale. Des
mesures aussi promptes que vigoureuses, des moyens aussi
justes que sévères peuvent seuls arrêter les hordes de
barbares qui s'avancent d'un pas rapide, en imposer à
l'audace des ennemis du dedans coalisés avec elles, et
sauver la République naissante. La Convention crée le
Gouvernement révolutionnaire. Institution imposante par
son nom, et qui bientôt devient abominable par ses abus !
Les rênes de ce Gouvernement compressif, confiées
à des mains aussi habiles que pures, à des hommes aussi
impassibles que la loi, son établissement ne pouvait manquer
de produire plusieurs résultats satisfaisans. Mais les
hommes dont nous parlons, ces hommes si parfaits, dont
nous avions besoin, pour déposer entre leurs mains le
pouvoir terrible que l'on venait de créer ; ces hommes-là
existent-ils ? s'ils existent, ont-ils paru ? ont-ils marqué
dans la révolution ? non. S'est-on donné la peine d'en
faire la recherche ? Non. La Convention a tout livré au
hazard

hazard qui, suivant son ordinaire , nous a servis en aveugle.
Le nouveau Gouvernement qui n'a pour chefs et pour
agens que des factieux, des fous et des maniaques, n'enfante que des crimes, des scélératesses, des horreurs! Sage ,
modéré , il nous sauvait ; perfide, spoliateur, assassin , il
nous abyme, nous écrase et nous perd. Mais , ici, qui donc
est coupable? qui, si non l'Aréopage! est-ce avec la connaissance que nous devons lui supposer des hommes de
son siècle , qu'il pouvait se permettre d'établir un Gouvernement qui , offrant tant de moyens d'abus crians et scandaleux , devait au moins avoir des anges pour chefs et
pour agens ? en le confiant à des individus vulgaires, il
fallait donc restreindre leurs pouvoirs ; il fallait donc que
l'œil de la surveillance, perpétuellement ouvert sur leurs démarches, les dirigeât toutes vers le bonheur public, et le salut
commun. La Convention a-t-elle pris toutes ces précautions
indispensables, en nous donnant le Gouvernement révolutionnaire? Non , elle n'en a pris aucune. Elle a confié
le droit de vie et de mort sur tous les citoyens indis-
tinctement, à des méchans , à des êtres infâmes : que
sont-ils devenus? des assassins et des bourreaux ! Une longue
et malheureuse expérience ne nous a que trop convaincus
que la vie des hommes n'est rien pour les tyrans; mais
aux yeux du législateur d'un peuple libre , peut-il être
une chose plus précieuse que l'existence des citoyens?
est-il rien au monde dont il doive se montrer plus avare
que de leur sang? et lorsqu'il s'agit de prononcer sur leur
vie , sur leur honneur, s'il ne peut rendre lui – même
l'arrêt qui va en décider, ne doit – il pas, par ses
mesures, ses précautions et ses lois, prévenir les abus
terribles que les passions de ceux qu'il rend dépositaires
du terrible droit de juger leurs semblables, peuvent faire
de leur autorité? Hors le cas de prise en flagrant délit,
comme rebelle et conspirateur, ne suffisait-il pas de ne
laisser au tribunal révolutionnaire que le droit de s'assurer
des personnes suspectes , ou présumées coupables? Mais

L

non : on lui a laissé l'affreux pouvoir sur un léger indice ,
sur une simple dénonciation , sur un seul cri de désespoir , de tout faire assassiner , égorger , massacrer ! Puisque
la Convention n'a rien fait , ici , que dans le délire de l'enthousiasme , puisqu'elle n'a réfléchi sur aucun des inconvéniens , des abus et des crimes qu'allait produire son
gouvernement révolutionnaire , elle seule est donc respon-
sable de ce déluge de maux qu'il a déversés sur nos têtes.
Elle l'a créé dans la chaleur de la passion : première faute
capitale. Elle n'a pas exercé sur ses chefs et ses agens
la plus austère surveillance ; seconde faute. Pendant plus
de deux ans elle a volontairement fermé les yeux sur ses
excès révoltans ; elle les a consacrés par ses lois ; elle n'a
cessé de confirmer , par acclamation , tous les mois , les
pouvoirs absolus , tyranniques , meurtriers des *meneurs* ,
agens furibonds et spoliateurs de ce même Gouvernement ;
et aujourd'hui , pour se soustraire à l'effrayante responsabilité , dont le poids l'accable , elle vient nous dire cette Convention nationale , qu'elle a été opprimée , qu'elle a tremblé
pendant deux ans sous le couteau des factieux et le poignard
des assassins ! Mais , en supposant que ce misérable subter-
fuge la mette à l'abri des reproches sanglans de son siècle ,
croit-elle donc échapper aussi facilement à ceux de la postérité, dont les yeux courroucés sont déjà ouverts sur elle ? Vainement le Sénat rejette-t-il tout l'odieux des forfaits qu'il a
impunément laissé commettre , tantôt sur un dictateur
imaginaire , tantôt sur des *décemvirs* supposés , ici ; sur des
Comités révolutionnaires , là sur une société populaire en
faveur de laquelle il rend dans une seule année , trois décrets
qui attestent à toute la France que cette même société *ne
cesse de bien mériter de la Patrie* ; ce moyen évasif de la
Convention est nul, et personne aujourd'hui n'en est la dupe.
Que de contradictions , de faussetés , de calomnies , de vengeances , de proscriptions , que de sang , enfin , nous
aurait épargné un peu plus de bonne foi ! Que la Convention n'a-t-elle avoué tout franchement qu'elle trouvait

son intérêt à penser et à agir comme elle pensait et agissait dans le cours des années I, II et III , et que depuis son intérêt encore lui a conseillé de penser et d'agir comme elle pense et agit dans ce moment ? Cet aveu de sa part , en la chargeant seule de la responsabilité , étouffait soudain le germe de ces ressentimens implacables , de ces haines invétérées , de ces affreuses réactions qui ne cessent de désoler la France et de l'inonder chaque jour du sang de ses enfans. Oui la Convention devait sévir contre les grands coupables , elle devait punir leurs abus révoltans ; mais ne devait-elle pas , en même tems, jetter un voile officieux sur des fautes , des délits et même des crimes qu'elle n'a que trop autorisés et multipliés par son coupable silence ? point du tout. Quelle étrange conduite tiennent ici nos législateurs , nos pères ! ils tendent une main protectrice aux persécutés, ils les relèvent, les arment et les lancent à leur tour contre leurs persécuteurs ! Mais c'était de justes punitions et non pas des combats impies, sacrilèges, parricides qu'il fallait ordonner ! Les persécutions ne font donc que se succéder : *la terreur* ne fait que passer d'un bord à l'autre , elle plane toujours sur les Français. Les personnages changent, mais les décorations restent ; ce sont toujours des fers, des prisons, des échafauds, et la scène, qui ne varie point , est continuellement occupée par des bouchers, des licteurs couverts de sang! voilà le bonheur que nous offre la Convention ,-voilà le seul qu'elle allait nous laisser pour héritage , lorsque des hommes plus réfléchis et moins passionnés l'ont enfin remplacée.

Nous croyons en avoir dit assez dans ce paragraphe pour convaincre nos lecteurs, que loin d'atténuer ses fautes, le Sénat ne fait que les aggraver en les rejettant sur tels ou tels individus auxquels il n'aurait pas dû déléguer la plus dangereuse des autorités ; 2°. qu'il aurait dû , nuit et jour, surveiller en les en chargeant ; 3°. qu'il devait faire punir d'une manière exemplaire, dès le premier instant que ces infidèles agens ont abusé de leur pouvoir. Soit faiblesse , soit insouciance, ou toute autre cause , sous quelque point de vue qu'on envisage la Convention , on trouve qu'elle est la première coupable de tout le mal fait par le Gouvernement révolutionnaire.

(13) Où sont les lois de ce corps législatif qui, revêtues du sceau de l'immortalité , passeront comme celles de *Zoroastre , de Confucius , de Minos , de Moïse , de Lycurgue, de Solon, de Numa,* à nos derniers neveux ? où sont-elles ces lois ? Sera-ce celle qui déclare *Pitt l'ennemi du Genre Humain ?* ou bien celle qui prive de défenseurs officieux les tristes victimes du tribunal révolutionnaire ? ou encore l'horrible décret qui ordonne aux Généraux commandans les armées dans la Vendée, d'emporter avec eux toutes les matières combustibles qu'ils pourront trouver , pour incendier ce malheureux pays ? Ah! sans doute , ces décrets et plusieurs autres passeront à la postérité, mais ce ne sera que pour épouvanter les races futures !

(14) Décret rendu dans le cours de l'an III : il élève à 36 liv. par jour l'honoraire des Députés ; jusqu'à ce jour leur indemnité n'avait été que de 18 liv. Le coup mortel que cette loi, plus digne d'une société de cupides marchands que d'une Assemblée de Législateurs , porte au papier monnoie, ruine la France en ébranlant son crédit, ou plutôt en le renversant, ainsi que les fortunes particulières. Dès le lendemain du jour où ce décret est rendu, le prix de toutes les denrées, de toutes les marchandises, est également doublé, et l'assignat allant chaque jour , en décroissant de valeur, est à la fin anéanti ! Grand Dieu ! que de larmes a fait et fait encore verser ce décret barbare ! Leurs mains , leurs poches, leurs armoires, leurs coffres pleins d'un papier banqueroutier, les infortunés rentiers, les employés, les fonctionnaires publics, les petits propriétaires , les marchands mêmes et les artisans sont forcés de tout vendre , de tout livrer à la rapacité des brocanteurs et des exécrables agioteurs, pour donner le nécestaire à leurs femmes et à leurs enfans ; ne pouvant plus y suffire, ils se voyent réduits à la désolante extrémité de mendier le pain de la misère sans pouvoir l'obtenir ! C'est alors que ces malheureuses victimes de la faim, lassées d'invoquer un ciel de fer et d'implorer la pitié des hommes au cœur de bronze, aux entrailles d'airain, d'une main courageuse, ou égarée par le désespoir, se débarrassent du fardeau de la vie ! et c'est sous le règne de la Liberté, de l'Égalité, de l'Humanité, de la Fraternité, que, dépouillé de tous ses moyens d'existence, l'homme de bien se trouve forcé, pour dernière ressource, de se jetter dans les bras de la mort ! Heureux du moins ceux qui dorment dans les entrailles de la terre ! mais qui peut assez vous plaindre, ô vous ! qui n'êtes que trop bien éveillés ?

(15) *Epices. Mézerai* nous apprend, dans son Histoire Chronologique de France, l'origine de ces *Épices*, que les pauvres plaideurs étaient obligés de donner à leurs juges. « Quelque partie, dit l'Historien, qui avait obtenu un « arrêt à son profit, s'étant avisé, pour remercier son rap- « porteur, de lui donner des dragées et des confitures, « qu'alors on nommait *Epices*, un second, un troisième « et enfin plusieurs autres de suite les imitèrent. Ces recon- « naissances purement volontaires furent bientôt tirées à « conséquence et devinrent un droit nécessaire qui a la « fin, fut converti en argent ». On lit à la marge des anciens registres du Parlement, dit *Sauval*, ces mots écrits : *Non deliberetur donec solvantur species. Point d'audience à moins que les* ÉPICES *ne soient acquittées*, ce qui revient à-peu-près à ce vieux dicton populaire. *Point d'argent, point de suisse.* Il faut convenir que nos anciens *Seigneurs* des parlemens étaient bien nobles et bien délicats ! La résidence des Évêques et la supression des *Epices* furent arrêtées au Conseil de Charles VIII, sur la fin du règne de ce Prince. Sa mort précipitée fit avorter ces deux réglemens aussi salutaires l'un que l'autre, et en dépit des bonnes intentions du Monarque , les Évêques et les *Epices* nous restèrent. Quelle bénédiction !

(16) Nous ne cessons depuis un certain tems de faire la triste et douloureuse épreuve de cette vérité effrayante. Entourés d'hommes à deux visages , à double main , à langue mensongère et perfide , nous ne saurons bientôt plus avec qui traiter en sûreté, si nous ne prenons un notaire public pour notre ombre. Ici, c'est un propriétaire de maison qui se joue de sa parole d'honneur ; là, c'est un vieux camarade de collège qui nous trompe ; tantôt nos débiteurs nous emportent nos revenus avec nos fonds, tantôt ils ne font guères mieux en nous remboursant avec un papier que nous avions la bonne foi républicaine de regarder comme sacré, et qui n'est qu'un papier imposteur et assassin ! On serait véritablement épouvanté de toutes les bassesses, de tous les crimes occasionnés par le discrédit et la faillite de ce trop malheureux papier. Et que peut donc faire l'homme froissé entre la spoliation qui lui enlève tout , et la nécessité de tromper à son tour, de spolier son prochain pour arracher le pain qu'il se doit , qu'il doit à sa femme et à ses enfans ? Ce qu'il peut faire ? On le sent assez, mais on rougit de le dire..... *Quæ non mortalia pectora cogis.... Sacra fames !* Avide besoin de manger, quels crimes ne fais-tu pas commettre ?

(17) L'état d'abandon et de proscription auquel les juifs étaient livrés avant la révolution les avait en quelque sorte rendus vagabonds, filoux et même un peu voleurs. Ils se sont épurés en devenant citoyens. Rappeler l'homme à sa dignité est un des plus grands et des premiers bienfaits de la liberté.

Les Grecs ont eu de tout tems la réputation peu honorable de trompeurs et d'aigrefins. *Timeo Danaos et dona ferentes :* je crains les Grecs et leurs présens , dit le Poëte.

(18) C'est une vérité aujourd'hui hors de douté que le changement subit d'opinions, de mesures et de gouvernement, opéré dans la Convention à la mort de *Robespierre*, à coûté autant d'hommes à la France que le fer de l'ennemi en pourrait moissonner dans trois campagnes des plus meurtrières. Comptez le nombre des individus que la famine, les vengeances, le désespoir et les maladies mortelles occasionnées par le chagrin de leur ruine, ont fait périr depuis deux ans et demi ; et vous conviendrez de la modération de notre calcul. Sans doute il fallait changer de mesures ; il fallait substituer la réflexion à l'enthousiasme, la modération à la rage, la justice et la vérité à l'emportement et au mensonge, en humiliant l'orgueilleux *Robespierre*, en comprimant l'esprit factieux d'une société devenue un instrument dangereux dans la main des *meneurs* ; en la supprimant, cette société faible et servile, il ne fallait pas tout-à-coup laisser le champ libre aux réactionnaires, et sonner en leur faveur le tocsin de la vengeance. C'est faire preuve de sagesse que de rompre avec les ultra-révolutionnaires ; mais il est affreux, il est abominable de faire aussi-tôt *chorus* avec les contre-révolutionnaires. Pour être toujours juste, le législateur doit constamment tenir le milieu entre tous les partis. *In medio stat virtus.* De sa place les tenant tous en respect ; il doit si bien toucher sur les uns s'ils bronchent, pincer si fortement les autres s'ils bougent, que ceux-ci et ceux-là ne soient pas tentés de remuer. Le bien public exigeait donc que le changement fût gradué et opéré avec autant de prudence que de circonspection. Au surplus, pourquoi tant d'inconstance dans nos Législateurs ? C'est qu'ils n'ont point de principes fixes. Ils ont bien un système, mais ils n'ont aucune de ces démonstrations sans lesquelles l'esprit ne saurait jamais être aussi ferme dans ses plans qu'invariable dans ses mesures et ses moyens d'exécution.

(19) Qu'il eût été beau, qu'il eût été sublime, qu'il aurait obtenu de benedictions le decret sauveur, qui au lieu de doubler l'honoraire du Représentant, l'aurait réduit à moitié, aurait appliqué l'autre aux besoins de nos frères ruinés, et aurait ordonné, au surplus, que l'assignat, maintenu dans son intégralité, serait reçu pour sa valeur nominale dans toutes les caisses de la République. Si, comme on nous le dit, nous sommes tous égaux en droits, nous devons donc tous supporter, par égale portion, les charges publiques et les pertes de l'État : mais pourquoi le Député qui doit le premier nous donner l'exemple des plus grands sacrifices, est-il le seul qui veuille s'en exempter ? La propriété d'une rente n'est-elle pas aussi sacrée que celle de l'indemnité du Législateur ? La Patrie a des besoins ; nous sommes tous ses enfans, nous devons donc tous lui offrir également nos secours : si le rentier lui doit le tiers, la moitié, les trois quarts de son revenu ; le propriétaire de terres ou de maisons lui doit également la même portion de ses biens ; le représentant, le fonctionnaire public, le salarié par la Nation, lui doivent aussi le tiers, la moitié, les trois quarts de leur traitement. Cependant les uns et les autres ne font qu'acquitter les contributions ordonnées par la loi ; le rentier seul est dépouillé de tous ses moyens d'existence depuis plus de deux ans, et il est menacé, par la création d'un nouveau papier, de perdre peut-être les sept huitièmes de sa propriété. Où est l'égalité, où est la justice ? Non, non, ce n'est pas à de telles dispositions que nous pouvons reconnaître l'humanité et la fraternité dont nous faisons une vaine parade. Que la patrie, notre commune mère, traite les hommes en place en *enfans gâtés* à la bonne heure ; mais du moins qu'elle ne se montre pas la marâtre des autres citoyens. Que le propriétaire, nous le répétons, lui abandonne la moitié de son revenu, le législateur la moitié de son indemnité, le fonctionnaire celle de son traitement, et le rentier qui partage avec eux la glorieuse qualité d'enfant de la république, abandonnera, de grand cœur, la moitié de sa rente pour l'aider à triompher de ses ennemis et la mettre à même de les forcer à recevoir la paix qu'elle ne cesse de leur offrir si généreusement.

(20) Les fondateurs de la République Française, et entr'autres tr'autres *Collot-d'Herbois* qui le premier l'a proclamée, ont été proscrits , plusieurs sont morts sur l'échafaud comme coupables des plus grands crimes ; pouvons-nous dire que ces forcenés ont basé leur gouvernement sur ces vertus et ces bienfaits qui seuls pouvaient nous faire chérir nos Législateurs, en nous faisant admirer, aimer et bénir leur ouvrage ?

DISCOURS V.

Le voit-on embrasser fortement un système
Qu'il médita long-tems avec un soin extrême,
Le vrai Républicain, affrontant tout danger,
Tombe et meurt en grand homme avant que de changer;
Que l'Univers entier s'écroule sur sa tête, (1)
Plus ferme qu'un rocher battu par la tempête,
Il fixe d'un regard aussi fier que perçant,
Et la chute du monde et le coup qui l'attend.
Pour l'instant fugitif d'une douleur mortelle,
Qu'il est doux d'acquérir une gloire éternelle!
Voilà son sentiment : s'il ne brûle en ton cœur,
Fuis, lâche Député, fuis l'indiscret honneur
De figurer au rang de ces hommes sublimes,
Pour qui toute faiblesse est le plus grand des crimes :
Il faut, lorsqu'à *Lycurgue* on prétend ressembler, (2)
Savoir toujours mourir et ne jamais trembler!
Sans une ame au-dessus de toute indigne atteinte,
On nous verrait tantôt suivre un parti par crainte,
Tantôt flotter au gré d'une autre faction ; (3)
Et quand donc finirait la révolution ? (4)
  Si dans mes vers, sans art, j'ose à nos Mandataires]
Librement rappeler les principes austères,
Épargne-toi, Damis, un inutile éclat :
Moi, coupable Écrivain, déprimer le Sénat? (5)

M

Est-il en mon pouvoir, de rendre méprisable
Un objet par lui-même , et grand et respectable ?
L'homme, dans tout état, lui seul peut s'avilir :
Un ennemi mortel envain pour te noircir,
Te peindra sous les traits d'un perfide et d'un lâche ,
Si tu sais bien remplir ta glorieuse tâche ,
Ton triomphe est certain ; la vertu d'un Caton
T'aura bientôt vengé d'un sot ou d'un fripon.
Le Sénat , de bienfaits nous comblant sans mesure,
Doit-il donc plus que toi redouter l'imposture ?
Et ses cris impuissans pourraient-ils à nos yeux
Démentir les transports de tout un peuple heureux ?
Au fond de son bourbier où sa rage s'enflame
Contre l'astre du jour , vois ce reptile infame
Lancer, dans sa fureur, son écumeux venin ;
Toujours plus magnifique en son brillant chemin,
Le père des saisons , le Dieu de la lumière ,
En est-il moins le Dieu de la nature entière ?
Seul , en mûrit-il moins , par ses vives ardeurs ,
Nos riantes moissons et de fruits et de fleurs ?

Pour être respecté par un peuple qui t'aime ,
Sache , représentant, te respecter toi-même ;
Et si ce peuple ingrat ose encore t'outrager,
En faisant son bonheur, apprends à t'en venger.
Tu ne peux l'ignorer, la rouille de l'envie
Ne mord que sur le front de l'homme de génie ;
Ce génie est un crime, et c'est le crime hélas !
Que pardonnent le moins tous ceux qui n'en ont pas.
Laisse fondre sur toi leurs déluges d'injures ,
Méprise leurs pamphlets, sois sourd à leurs murmures ;
Et brûlant d'obtenir nos immortels tributs ,
Viens, au fond de nos cœurs, buriner tes vertus !
Dans la postérité que ton esprit s'élance,
Vois cet intègre juge, armé de sa balance,
Au poids de l'équité pesant tes actions ,
Te couvrir ou de gloire ou des plus grands affronts !

Voulez-vous, Sénateurs, vous rendre favorable,
Pour tous les Gouvernans, ce juge inexorable?
Éteignez le flambeau de vos trop longs discords,
Tous, pour notre salut, unissez vos efforts;
Si, pour nous arracher de l'abyme où nous sommes,
Vous n'êtes pas des Dieux soyez au moins des hommes,
Des hommes travailleurs, énergiques, brûlans,
Dans vos plans bien conçus toujours aussi constans
Que l'est notre soleil en son cours immuable.
Déployez tous l'ardeur d'un zèle infatigable :
Pour dominer sur tout et pour tout asservir;
L'esprit de faction ne sut que désunir,
Vous devez des Français faire un peuple de frères,
Et jamais n'oublier, si vous êtes nos pères,
Que les plats sobriquets, en révolution,
Sont tous des cris de guerre et de proscription.
Ardens à comprimer cette horrible vengeance
Qui semble s'acharner à dépeupler la France,
Ne faites jamais rien sans le bien réfléchir :
Sûrs de vous épargner un tardif repentir,
Vous nous délivrerez des maux trop effroyables
De ces réactions toujours impitoyables,
Où l'on voit le proscrit, à son tour proscrivant,
Du sang qu'on a versé se venger par du sang. (6)
   Pour former entre nous cette union paisible,
Seul bonheur de ce monde et de l'homme sensible,
Méditez ce beau code, au Pérou si vanté, (7)
Qu'à ses heureux enfans donna l'humanité.
Là, des mortels chéris, par leurs lois paternelles,
Des plus parfaits *Solons* sont les parfaits modèles;
A ses devoirs sacrés, constamment assidu,
Chaque père y répond de l'intacte vertu
Des jeunes citoyens qu'il instruisit lui-même :
Qui ne l'a fait aimer comme le bien suprême,
Quand l'exemple, enflammant le tendre nourrisson,
En est toujours, par lui, la vivante leçon?

M ij

Brillans *fils du soleil*, la douce bienfaisance (8)
Ne forme de vous tous qu'une famille immense,
Où le *tien* et le *mien*, sous l'auspice des lois,
Pour toujours vivre en paix, ont confondu leurs droits.
L'impérieux besoin de servir la patrie,
De ses enfans actifs éveillant l'industrie,
Chasse loin de leurs murs l'infâme oisiveté;
Tandis que le travail, père de la gaité,
La faisant, par son chant, qui la peint et l'anime,
Voler, de bouche en bouche, à l'aide de la rime,
Démontre que lui seul, que sa brûlante ardeur,
Est le plus grand des biens et suffit au bonheur !
Là, de l'infortuné le soutien et le père,
Le riche n'est heureux que du bien qu'il peut faire;
Le peuple hospitalier au sein de ses remparts,
D'un respect filial honorant les vieillards,
De ses propres deniers veut les nourir lui-même.
Ce bon peuple trouvant une douceur extrême,
A prévenir nos vœux, deviner nos besoins,
Fait de l'art d'obliger le premier de ses soins.
Enfin dans ce séjour de la paix fraternelle,
Brillante de l'éclat de sa gloire immortelle
Sans cesse l'Amitié retrace à tous les yeux,
L'image du bonheur qu'on goûte dans les cieux !
   Brûlons-nous d'élever un aussi bel empire ?
Il faut édifier encore plus que détruire :
Souvent récompenser et punir rarement,
Voilà les grands ressorts d'un bon Gouvernement;
Et bien distribuer cette double justice,
Aux pieds de la vertu c'est enchaîner le vice.
   Un peuple souverain, fier de sa dignité,
Qui prétend sur le roc baser sa liberté,
A plus besoin cent fois de mœurs que de victoires;
Combattre et triompher est la moindre des gloires;
Que nous servirait-il par tant d'assassinats,
De pillages affreux et de sanglans combats,

D'avoir enfin brisé nos antiques entraves ;
Des vices les plus bas si nous restions esclaves ?
Ah ! de tous les mortels , le plus grand à mes yeux
Et le seul vraiment libre , est l'homme vertueux !

Voyez aux *Jacobins* le traître *Robespierre* (9)
Le soir électrisant son profane vulgaire
Par ces mots : *grand complot de Pitt et de Cobourg* : (10)
Tous ces complots en l'air sont bons pour le faubourg.
Cobourg, c'est notre orgueil , *Pitt* , c'est notre avarice ,
Frappez du même coup et l'un et l'autre vice,
Vous nous rendrez plus forts, plus à craindre cent fois ,
Que les valets groupés au-tour du char des Rois.

La France , Sénateurs, en ce jour vous contemple !
Songez que les premiers vous lui devez l'exemple :
Voulez-vous à jamais captiver son amour,
Et de sa confiance obtenir le retour ?
Rigides zélateurs de la probité sainte ,
Gardez-vous de porter la plus légère atteinte (11)
A ses engagemens qu'on ne saurait trahir ,
Sans exposer hélas ! tout un peuple à périr !
L'antique bonne foi de la dette publique
Vainement scellerait le contrat authentique ;
Par qui serait-il donc désormais révéré
Pour le législateur s'il n'était pas sacré ?
Justement dépouillé de toute confiance ,
Quel Gouvernement fier de sa fausse puissance
N'en voit soudain crouler l'édifice trompeur,
S'il ose lui choisir d'autre appui que l'honneur,
Cet honneur , dont tout peuple, à sa gloire fidèle,
De ses grands procédés fait la règle éternelle !

Les tyrans sur la force ont fondé leur pouvoir,
Mais le tien , ô Sénat ! voudrais-tu le devoir
A tout autre moyen qu'à l'art vraiment sublime
D'enfanter des tableaux que le bonheur anime ? (12)
Si tu ne fais le nôtre, il n'en est pas pour toi,
Et bientôt le remord , et la haine et l'effroi ,

Bravant, pour t'accabler , tes murs de bayonnettes ;
Perceraient jusqu'au fond de tes sombres retraites.
Détourne, Dieu puissant, le plus grand des malheurs !
Fais que notre Sénat règne sur tous les cœurs,
Et du bon peuple entier obtienne les hommages ,
En n'offrant à ses yeux qu'un cercle heureux de sages,
Qui tous lui font goûter , graces à leurs justes lois ,
Un bonheur inconnu sous le règne des Rois !

NOTES

Sur le Discours V.

(1) *Si fractus illabatur orbis ,
Impavidùm ferient ruinæ* ..... Dit Horace.

(2) *Lycurgue* était fils *d'Eunome* Roi de Sparte et
devint législateur de son pays. Les Rois y étaient despotes
absolus , et le peuple refusait de leur obéir. Encouragé par
l'Oracle de Delphes , Lycurgue , à la sollicitation des Lacé-
démoniens , leur donne une nouvelle constitution. 1°. Il
établit un conseil de vingt-huit Sénateurs qui balançant l'autorité des Rois par une autorité égale à la leur , forme un
contre-poids qui maintient l'équilibre entre les pouvoirs.
2°. Il établit une parfaite égalité entre tous les citoyens
par un nouveau partage des terres : 3°. Il comprime l'avarice , et la cupidité en proscrivant entièrement l'usage de
l'or et de l'argent ouvragés ou monnoyés. 4°. Il réprime la
sensualité et la somptuosité de la table par l'institution des
repas publics auxquels tous les citoyens, sans distinction ,
sont tenus de se rendre pour y prendre en commun la
nourriture fixée par la loi. Cette constitution achevée , Lycurgue la présente à l'acceptation du peuple, et lui fait jurer
de n'y toucher qu'au retour d'un voyage qu'il va , dit-il ,
entreprendre. Le peuple fait le serment. Aussi-tôt Lycurgue

part , se rend en Crète et s'y tue après avoir ordonné qu'on
brulât son corps , et qu'on en jettât les cendres au vent. Il
craignait que si on rapportait sa dépouille à Lacédémone,
sés concitoyens ne se crussent dégagés de leur serment.
Toutes les lois de Lycurgue ne sont pas marquées au même
coin de sagesse; il en est dont la probité s'offense et la pudeur rougit. Au reste , il ne faut pas juger des institutions de
ce législateur par les nôtres , et d'après nos mœurs actuelles. Les yeux et les oreilles des hommes qui existaient
il y a trois mille ans étaient, il est vrai , moins délicates ,
moins chastes que les nôtres , mais leus cœurs étaient
bien plus purs et leurs inclinations plus innocentes. Notre
excessive délicatesse ou notre fausse pudeur , n'est que le
résultat de notre excessive corruption.

(3) Nous avions la simplicité de croire qu'elles étaient
toutes anéanties; qu'on juge de notre douleur et de notre
indignation , en apprenant depuis peu que des *Clichiens*
et des *Anti-clichiens* ont succédé aux gens du *marais*
et aux *Montagnards*. Si telle est notre destinée que nous
devions toujours être la proie des factions , quel affreux
genre de bonheur aurons-nous donc gagné à la révolution?

(4) Elle n'a été , cette révolution , d'abord si belle , si
imposante , et depuis si cruelle , si sanguinaire , elle n'a été,
pour la plupart de ceux qui jusqu'à ce jour ont voulu diriger son char , qu'une misérable affaire de spéculation.
Dès le premier jour de l'orage , chaque intrigant n'a pas
manqué de se dire , avant que de mettre la main à l'œuvre :
*voici un nouvel ordre de choses qui se présente , qu'ai-je
à y perdre ? qu'ai-je à y gagner ?* Suivant le résultat de
leurs réflexions nos fripons ont franchi le rivage , poussé
leur nacelle , jetté leurs filet-, et péché en eau trouble.
Jacobins , Feuillans , Cordeliers , Patriotes et Aristocrates , Républicains et Royalistes , tous ont travaillé de leur
mieux pour leur propre compte; mais en est-il beaucoup
qui aient songé à la patrie ? *en est-il jusqu'à trois que l'on
puisse compter?* Ainsi que la guerre , cette pauvre révolu-

tion est devenue le pot-au-feu de tant d'individus ; elle favorise par tant de chances les agioteurs, les dilapidateurs, les voleurs, qu'il est fort à craindre que cette fièvre chaude ne soit éternelle, si les hommes de bien qui se trouvent aujourd'hui en place, ne s'unissent fortement ensemble, pour faire ployer tous les partis sous la loi, et pour faire punir également les fripons et les factieux.

(5) A en croire certains législateurs, il s'est formé une *compagnie d'avilisseurs du corps législatif.* Cette supposition n'est pas moins ridicule que bien d'autres. *Guadet* avait raison de s'écrier, à la vue des premières scènes scandaleuses que les trop coupables partis donnèrent dans le sein de la convention : *une représentation avilie, est une représentation qui ne subsiste plus.* Mais qui avilissait alors la convention ? n'était-ce pas elle-même qui se déshonorait en foulant à ses pieds sa dignité, sa majesté ; qui s'avilissait en se confondant avec les factieux qu'elle eût dû comprimer, anéantir par son courage, sa fermeté, son énergie et son amour pour le bien public ? De deux choses l'une, ou les mandataires du peuple font son bonheur, ou ils font son malheur ? Dans le premier cas quel individu, ou quelle portion d'individus assez pervers, assez audacieux, oserait s'élever contre le concert unanime de louanges et de bénédictions données par tout au peuple heureux à ses bons et fidèles représentans ? Les vils calomniateurs des véritables pères et sauveurs de la patrie, ne seraient-ils pas pulvérisés par ce même peuple qui vengerait lui-même les outrages faits à son auguste Sénat ? mais si des représentans faibles, pusillanimes, égoïstes, avides et cruels ; nous laissent opprimer par les autorités subalternes ; s'ils font notre malheur, s'ils nous plongent dans un abyme de maux inextricables par insouciance et par défaut de réflexion, sont-ce nos plaintes, nos reproches, nos cris, n'est-ce pas bien plutôt leur propre conduite criminelle qui les avilit ? Persuadons-nous bien de cette grande vérité, qu'il n'est pas au pouvoir

de

de l'homme de déprimer la vertu et le mortel vertueux.
C'est sur ses lois, sur ses démarches et ses procédés que je
juge le législateur , et non sur les misérables pamphlets
des folliculaires. Suis-je heureux ? Le législateur est mon
Dieu tutélaire , en dépit de mille et un brocards, men-
songes et calomnies que lancent contre sa personne les
fous ou les méchans : suis-je malheureux ? vois-je couler
les larmes de mon épouse et de mes enfans , réduits
à la plus affreuse misère, tandis que mon représentant
nage dans une coupable aboudance; il n'est pas en mon
pouvoir de m'empêcher de haïr l'homme funeste à son
pays qui s'avilit ainsi lui-même. Voilà les principes.

(6) *Qui n'ose se venger , mérite qu'on l'outrage* !
Est-ce aux terribles effets de cette abominable maxi-
me des rois et des tyrans que nous devions reconnaitre
de francs , de vertueux républicains ? Dès que les persécutés ont repris le dessus , ils deviennent à leur tour des
persécuteurs cent fois plus impitoyables que leurs ennemis.
Le *Marais* a traité la *Montagne* avec plus de fureur
et d'acharnement que n'en avait montré cette dernière
épouvantable faction dans les jours brûlans de son affreux
triomphe. cinquante députés proscrits, dont plusieurs véritablement respectables , ont péri sur l'échafaud par suite des
vengeances personnelles , ou n'ont échappé à l'infamie du
supplice qu'en se poignardant eux-mêmes , tel est le
premier des tableaux hideux que nous offre la réaction.
Ainsi le sang n'a cessé de couler. Voilà les malheurs ,
sans fin , qu'ont enfanté parmi nous certains législateurs ,
en divisant les Français en *Brissotins* , en *Robespierrots* ,
en *sans-culottes* et en *honnêtes gens* , en *Montagnards*
et en *crapauds du Marais* ! Grands Dieux! quelle horreur!
O mes amis ! quelque soit votre force et votre pouvoir ,
gardez-vous de jamais persécuter : car au jour de la
réaction , l'horrible démon de la vengeance vous fera
dévorer par une race abominable de lâches proscripteurs
et d'affreux *mangeurs d'hommes.*

N

(7) *Pérou* , riche et vaste contrée de l'Amérique méridionale , gouvernée , avant la découverte de cette partie du monde , par des princes connus sous le nom d'*Yncas*. Toutes les lois du *Pérou* tendaient à unir les citoyens par les liens de l'humanité ; et comme dans les autres législations , elles se bornent à défendre aux hommes de se faire du mal , celles des *Yncas* leur ordonnaient expressément de se faire du bien. Ces lois , en établissant , autant qu'il est possible dans l'état de nature , la COMMUNAUTÉ DE BIENS , affaiblissaient L'ESPRIT DE PROPRIÉTÉ, SOURCE DE TOUS LES VICES ET DE TOUS LES CRIMES QUI INONDENT NOS SOCIÉTÉS POLITIQUES MODERNES. Les beaux jours , les jours de fêtes au *Pérou* étaient ceux où l'on cultivait les champs de la patrie , le champ du vieillard et celui de l'orphelin. Chaque citoyen travaillait pour la masse des citoyens ; il déposait les fruits de son travail dans les magasins de l'état , et recevait pour prix de son labeur , le fruit du travail des autres. Les Péruviens n'avaient pour ennemis que les hommes capables du mal , et s'ils attaquaient les nations voisines , ce n'était que pour leur ôter des usages barbares. Les *Yncas* vouloient attirer tous les peuples à leurs mœurs douces et bienfaisantes. En combattant même les antropophages , ils évitaient de les détruire , et ils semblaient bien moins chercher la soumission que les moyens d'instruire , d'éclairer , et par conséquent de rendre plus heureux les vaincus. *Diction, Encyclopéd.*.

(8) Lors de l'arrivée des Européens au *Pérou* , ses habitans se disaient fils du Soleil ; ils appellaient leur Empire, *l'Empire du Soleil* , et révéraient cet astre comme leur père. Cette fable ne doit aucunement nous surprendre : qui ne sait pas que les Gaulois , nos ancêtres , se prétendaient aussi enfans de Pluton Dieu des enfers ? C'est bien ici le cas d'avouer que bon nombre de nos brûlans révolutionnaires , se sentaient encore un peu trop de leur infernale origine. Si l'on avait pris soin d'éclairer, d'instruire ces êtres ou bornés ou grossiers, quels services n'eussent-ils pas rendus à la révolution ; combien ne lui ont-ils pas nui par leur opiniâtreté et leur emportement, fruits de leur ignorance !

(9) Toujours présenter la vérité à ses lecteurs, est le premier devoir de l'écrivain qui veut mériter leur estime et leur confiance : concilier tous les sentimens, rapprocher tous les esprits est le second. Mais comme dans les tems de troubles politiques, et dans les orages d'une révolution, il est impossible à aucun mortel de faire entendre raison à des hommes que leurs opinions opposées, leur esprit de parti, leur entêtement et leurs passions exaspérées, ont rendus ennemis irréconciliables ; l'écrivain alors se bornant à bien s'acquitter de sa première obligation, ne doit se montrer que plus ardent à dire la vérité, toute la vérité, rien que la vérité. Telle est la tâche que nous allons remplir, en traçant l'historique de la société des *amis de la Constitution*, vulgairement connue sous le nom de *Jacobins*. Hommes justes, gardez-vous de les juger sur les éloges emphatiques des partisans intéressés des clubs patriotiques ou populaires ; ne les jugez point non plus sur les déclamations mensongères, sur les calomnies atroces de leurs détracteurs : il ne s'agit pas ici de prononcer sur eux en royaliste ou en républicain, il s'agit de les voir en homme impartial, en philosophe, en sage, abstraction faite de toute opinion particulière et de tout esprit de parti.

Certains sectaires ont fait beaucoup trop d'honneur aux *Jacobins* en les regardant comme les pères de la révolution et les fondateurs de la liberté en France. Notre heureuse révolution est l'ouvrage de plusieurs siècles d'oppression ; elle est le résultat des lumières et de la philosophie. Quant à la liberté, personne n'ignore qu'elle est éternelle, que la nature grave elle-même ce sentiment au fond de nos cœurs en caractères sacrés et ineffaçables. Tant que les peuples dorment sous le joug, cette liberté

sommeille ; viennent-ils à s'éveiller ? avec eux elle s'éveille ;
elle se lève, elle s'élance : et se mettant à leur tête, les
force et les aidè à reconquérir leurs droits imprescriptibles
sur les despotes et les tyrans. Dans le cours déterminé
de ces grands événemens, nous n'appercevons que la force
irrésistible des choses qui de toute éternité doivent avoir
lieu, et non la puissance très-secondaire d'un club de
Feuillans, de *Cordeliers* ou de *Jacobins*.

L'aurore de la révolution Française commence à poindre
lors de la tenue de l'assemblée des notables en 87. Les
Jacobins ne paraissent sur la scène politique qu'à la fin
de 89, plus de deux ans après. Mais à cette époque
la révolution était, si non terminée, du moins très-avancée ;
nous avions une Assemblée nationale représentative et
constituante, un corps législatif permanent ; les pouvoirs
du Monarque étaient tous anéantis (vérité qu'on n'a pas
eu le courage de proclamer) ; le peuple était reconnu
pour seul légitime souverain ; la république, enfin, était
en quelque sorte établie, puisqu'une république n'est autre
chose qu'un gouvernement où le peuple fait ses lois par
lui-même, ou par ses représentans. C'est donc, encore une
fois, accorder aux *Jacobins* un honneur qui ne leur appar-
tient pas, que de les regarder comme les auteurs exclusifs de
la révolution ; ils ont travaillé pour elle, mais ils ne l'ont
ni amenée, ni commencée, comme leurs partisans et
leurs détracteurs ne l'ont que trop répété : ceux-ci pour
leur en faire un mérite, ceux-là pour leur en faire un
reproche.

Vers le milieu du mois de novembre 89, les membres
épars du *Club Breton*, députés à la *Constituante*, qui s'assemblaient à Versailles avant que le Monarque eût été forcé
de venir fixer sa résidence à Paris, se réunissent dans cette
dernière ville, et forment une nouvelle société qui prend
le nom de société des *Amis de la Constitution* et ensuite
celui de Club des *Jacobins*, du lieu de ses Assemblées
ou séances dans le local de la maison des *Jacobins*, rue

Honoré. C'est dans le grand réfectoire de ce Couvent que les factieux, qui prétendaient arracher la couronne à Henri III, s'assemblent en 1588 et forment entr'eux cette association monstrueuse connue depuis sous le nom de la *Ligue*. Environ 200 ans après cette époque, les principaux membres de *l'Assemblée Nationale Constituante* signent dans le même lieu l'acte qui nous donne *la société des Jacobins*. Il était donc écrit au livre des destins que toujours cette maison et ce nom de *Jacobins* seraient funestes aux Despotes.

Qu'on ne s'étonne plus, d'après ces traits historiques, de l'antipathie, de la haine, de l'horreur que les amis de la Royauté ont conçue contre les membres du Club dont nous parlons. Qu'on ne s'étonne plus de voir des gens qui ne croyent pas en Dieu, brûler de les faire tous pendre en son nom. Joseph II Empereur et Roi des Romains, et Léopold, héritier de son trône et de ses titres, ont soulevé tout l'Empire et armé cinq cents mille combattans pour exterminer douze cents *Jacobins*. Une pareille extravagance était bien digne de deux Empereurs–Rois. Nés dans une classe ordinaire, et tous deux *bons bourgeois*, peut-être eussent–ils tenu à honneur d'être, non deux imbécilles, deux fougueux et sanguinaires démagogues ; mais deux francs démocrates, deux vrais républicains ; et au pardessus, deux sages *jacobins* soumis comme tous les gens de bien aux loix de leur pays. Tous les ennemis aveugles ou clairvoyans de notre nouveau régime ont adopté l'opinion guerroyante des deux Empereurs–Rois, c'était une suite nécessaire de leurs ridicules prétentions, de leurs préjugés gothiques, de leur égoïsme perfide, cruel et destructeur ; mais que prouve le sentiment des despotes et de leurs serviles partisans, sinon que ce ne sont point les ennemis nés d'une révolution qui leur est si fatale et les détracteurs, en conséquence, de ses institutions les plus salutaires, qu'il faut interroger ; pour en connaître le mérite et l'utilité.

Ce n'est pas assez que d'appeler un peuple à la§ liberté, pour le mettre à même d'en jouir sans risque pour lui, et sans inconvéniens pour ses semblables : il faut l'éclairer sur la nàture de ce droit, sur ses avantages et le prémunir contre ses abus. Voilà précisement le grand bien qu'ont opéré ou qu'ont dû faire les sociétés *Jacobites*. Si quelques-unes, s'écartant du but de leur institution, ont commis des excès, le législateur était là : instruit que ces Clubs étaient moins des réunions de citoyens paisibles, brûlans d'instruire leurs semblables, en s'instruisant eux–mêmes, que des rassemblemens d'intrigans et de factieux, que n'ordonnait-il aux Autorités constituées de les surveiller, et d'après la preuve de leurs premiers écarts, de faire appésantir sur eux le bras de la justice, pour les comprimer et les réduire à l'heureuse impuissance de troubler l'ordre public ?

Quant aux sociétés qui, constamment renfermées dans leurs premières limites, n'ont jamais dévié de la ligne tracée par la vertu, les véritables amis de la Liberté et de l'Égalité ne sauraient leur offrir de trop vives actions de graces. Qui a rendu à la révolution un plus grand nombre de services signalés que les sociétés populaires dont on peut citer l'esprit de paix, de sagesse, de modération et de civisme, pour exemple à toutes les autres ? Ne sont-ce pas ces sociétés qui réunissant dans leurs sanctuaires, comme en autant de foyers, tous les feux épars du patriotisme en ont composé ces brasiers ardens où tous les individus sont venus s'électriser, pour ainsi dire, à l'envi les uns des autres ? Ne sont-ce pas elles qui ont propagé avec le plus de rapidité et de facilité ces grands principes, ces vérités simples mais éternelles qu'il est si important d'établir, de développer et d'inculquer dans l'ame de l'homme que l'on veut convaincre de sa dignité, et à qui l'on a besoin de faire sentir tout le prix de la liberté ?

Consultons sur ce point cette foule innombrable de paisibles et excellens citoyens, de braves patriotes, tous nous répondrons que c'est aux sociétés populaires qu'ils sont redevables des lumières qui les ont éclairés sur leurs droits, des vérités qui leur ont appris à chérir le nouveau régime et à le défendre au péril de leur vie, et des vertus qui ont répandu sur leurs tranquilles habitations la sérénité, le calme et le bonheur! ils ajouteront, ces bons citoyens, que sans les sociétés populaires, on eut vainement lancé au milieu de nous le char de la révolution, ce char serait resté immobile à la première place où il se fut arrêté : ce sont les patriotes énergiques de tous les clubs, ce sont les *jacobins* les mieux intentionnés, qui, sollicitant quelquefois pour les autres, ne demandaient jamais rien pour eux et faisaient les plus grands sacrifices à la Patrie, ce sont ces hommes justes et probes qui tous réunissant leurs bras et combinant leurs heureux efforts, ont poussé ce char, l'ont en quelque sorte fait voler avec la rapidité de l'éclair, et lui ont fait décrire la ligne immense qu'il a, en premier lieu, parcourue avec tant de gloire et d'avantage pour nous.

C'est au milieu de ces sociétés que l'esprit public a pris naissance, c'est-là qu'il s'est formé, jamais le feu sacré ne s'est conservé plus religieusement sur les autels de la Déesse *Vesta*, que le feu du patriotisme ne s'est maintenu dans le sein des sociétés populaires pendant les beaux jours de la liberté naissante ?

Comment en un plomb vil l'or pur s'est-il changé ?

C'est ce qu'il nous importe de connaître et c'est ce que nous allons examiner.

Personne ne l'ignore ; tout établissement formé par la main des hommes, est, comme eux, sujet aux vicissitudes du tems ; à mesure que cet établissement s'éloigne de son origine, il change, dégénère chaque jour de sa première pureté, et finit par entièrement se corrompre. L'histoire des sociétés populaires et du club des *Jacobins*, n'est autre que celle des institutions humaines. Rien de si édifiant que la conduite des premiers Anachorètes : ils font briller dans le cloître les vertus les plus sublimes ; et cependant chacun de nous sait à quel degré de dissolution et de perversité en étaient venus, en dernier lieu, nos lâches et débauchés Cénobites ! Quel zèle, quelle ferveur, quelle admirable persévérance à bien faire, n'admirons-nous pas dans nos parlemens, aux époques les plus voisines de leur création ? Nous avons cependant été tous témoins de la honte, de l'abaissement où ils étaient descendus, lorsque notre révolution les a si heureusement anéantis ! C'est donc avec confiance que nous le répétons ; les sociétés populaires, les clubs patriotiques, les amis de la Constitution, nous furent d'un besoin indispensable dans les premières années de notre changement politique ; ces sociétés, en réunissant la masse du peuple, pouvaient seules combattre avec avantage les préjugés et les erreurs, hâter le progrès des lumières, disséminer les grandes vérités, établir les principes, répandre les vertus civiques, en inspirer l'amour, implanter le patriotisme dans tous les cœurs, et former enfin cet esprit public qui devait seul enfanter l'unité d'opinion comme l'unité d'action. Voilà les grands travaux qu'ont glorieusement entrepris les *Jacobins* ! A quel degré de bonheur ne nous eussent-ils pas fait, depuis long-tems, parvenir, s'ils eussent continué à se montrer tels qu'ils furent dans leur origine, et dans les deux ou trois premières années qui la suivirent. Le malheureux génie des factions en avait autrement ordonné. Déjà il plane sur la France, il se glisse au milieu des clubs patriotiques, il souffle son esprit de vertige et de fureur à tous leurs membres. Les *jacobins* subsistent toujours ; mais dès l'instant de la création de la République, ces hommes ne ressemblent pas plus aux patriotes de 89, 90 et 91, que les Français d'aujourd'hui, tout Républicains qu'ils sont de nom, ne ressemblent, soit aux Spartiates, soit aux Romains, dans les beaux jours de leurs vertus et de leur gloire. .

Pour

Pour nous instruire des causes d'un changement si déplorable, écoutons un sage Député, membre de la Convention et judicieux observateur des hommes et des événemens. « Les sociétés populaires, dit-il dans un de ses
« rapports, étaient, à leur naissance, les temples de la
« Liberté et de l'Égalité. Les Citoyens et les Représentans
« du Peuple s'y rendaient pour méditer ensemble la perte
« de la tyrannie, la chûte des rois, les grands moyens de
« consolider la liberté. Dans ces sociétés on voyait le peu-
« ple uni à ses mandataires, les éclairer et les juger. Mais
« depuis que ces mêmes assemblées se sont remplies d'êtres
« artificieux qui viennent briguer à grands cris leur élé-
« vation à la Législature, au Ministère, au Généralat; depuis
« qu'il y a dans ces clubs beaucoup trop de fonctionnaires
« publics et trop peu de citoyens, le Peuple y est nul : ce
« n'est plus lui qui juge le Gouvernement, ce sont les fonc-
« tionnaires coalisés qui, réunissant leur influence, font
« taire le Peuple, l'épouvantent, le séparent de ses Lé-
« gislateurs bien qu'ils dussent toujours être insépara-
« bles; et corrompent l'opinion dont ils s'emparent, et
« par laquelle ils imposent silence jusqu'au Gouvernement,
« en se rendant eux-mêmes, fonctionnaires publics, les
« dénonciateurs de la liberté qu'ils outragent, qu'ils per-
« dent et assassinent : »

Les vérités lumineuses que renferme ce passage doivent
d'autant moins paraître suspectes, au lecteur impartial, qu'elles
sont dites par un des plus ardens sectateurs des clubs, et
c'est principalement aux *Jacobins* de Paris que ces grandes
vérités peuvent s'appliquer. En effet, dès que les *Brissot*,
les *Danton*, les *Marat*, les *Robespierre*, les *Collot*, les
Billaud, les *Couthon*, les *Dumas* et beaucoup d'autres
individus, dont les noms nous échappent, dominèrent dans
la société, dès que tous les Députés marquans, les Ministres, les Magistrats du Peuple, ses Juges et autres
Fonctionnaires publics en furent membres, on s'occupa
bien moins du Gouvernement que des gouvernans ; et

O

on ne s'occupa de ces derniers que pour leur faire la cour ,
les flagorner , et en arracher , soit à force de bassesses
soit à force d'importunités , les emplois les plus lucratifs.
Dès lors la société leur fut toute dévouée , et ses membres,
qui , n'aguères encore , les jugeaient avec tant de fierté ,
ne furent plus que leurs vils prôneurs , leurs esclaves , les
aveugles instrumens de leurs ambitieuses et détestables
passions.

Telle est , en abrégé , l'histoire de ces jacobins dont nous
avons été observateur impartial depuis leur origine jusqu'à
leur chûte. Pour bien les juger, il faut les considérer , 1°. dans
les diverses périodes révolutionnaires , 2°. dans leurs membres habituels , 3°. sous le joug de leurs *meneurs*.

Dans leurs différentes époques ils font tantôt le bien
tantôt le mal ; ici , ils forment l'esprit public ; là , ils le
font dégénérer en un fanatisme démagogique , et désho-
norent , par leurs excès , la liberté qu'ils ont si puissamment
servie par leur trsavaux.

Envisagée dans ses membres , la société offre , à sa naissance , une réunion d'hommes faits pour nous étonner par
la hardiesse de leur génie et la sublimité de leurs con-
ceptions. Divisés de sentimens , ces Apôtres de la liberté
se séparent , ils sont remplacés par des hommes faibles ,
bornés , ignorans , que leur défaut de lumières entraine
dans l'idolâtrie de tous les intrigans qui les subjuguent.

Considérée dans ses *chefs de file* ou *meneurs* , elle n'est
plus qu'un rassemblement de factieux , fauteurs , complices
et victimes des *Robespierre* et autres grands coupables ,
mais quand la Convention tout entière s'abaissait devant
eux , ferons — nous un crime aux jacobins de les avoir
adorés ?

Nous le prouvons dans notre *Histoire Philosophique
et Politique* , une des plus grandes fautes de la *Constituante* , est de n'avoir pas eu la prévoyance et le courage
de fermer tous les clubs , et principalement celui de Paris ,
au moment de l'acceptation de la Constitution par le Peu-

ple : s'il était impossible de les supprimer alors ces clubs si redoutables, il fallait au moins les circonscrire dans de si étroites limites qu'ils ne pussent jamais rivaliser avec les Autorités constitutionelles et troubler la tranquilité. Était-il prudent de laisser élever dans l'Etat autel contre autel, et vouloir affermir un nouveau gouvernement sur un foyer perpétuel de cabales, de discordes, de haines, de -vengeances, n'était-ce pas prétendre asseoir un immense édifice sur la bouche d'un volcan ?

Le Législateur qui aime mieux prévenir les fautes que d'avoir à les punir, ne saurait autoriser ces sociétés où des charlatans aveuglent le peuple en voulant l'éclairer, l'égarent et le perdent en prétendant le conduire : ces sociétés où des hommes qui n'ont rien d'humain que la langue et la main, et qui font un usage tout aussi détestable de l'une que de l'autre, ne cessent d'arracher à l'ignorance ou à la faiblesse la sanction du crime ; ces sociétés enfin, qui se correspondant toutes entr'elles par la plus dangereuse affiliation, offrent au premier factieux un levier capable de soulever toute la République et de la renverser en un instant.

Ces principes posés, reconnaissons que la Convention, en brisant tous ces instrumens discordans de nos passions révolutionnaires, a rendu à la France le plus signalé des services. Dieu merci ! les voilà donc hors de la scène politique, ces éternels *jacobins ;* mais leur nom nous reste : c'est beaucoup trop encore. N'aguères la terreur des Empereurs et des Rois, il n'est plus à présent qu'un vain épouvantail pour les imbéciles, ou un cri de proscription que jette par fois l'esprit de parti contre les hommes purs qu'il veut rendre suspects. Mais le Gouvernement est ferme, il est juste ; *Cordeliers*, *Jacobins*, *Feuillans*, dormez *sans peur*, si vous êtes *sans reproche.*

(10) Renard-*Pitt*, Ministre de Georges III, Roi d'Angleterre, aujourd'hui régnant. Ce *Pitt* est fils du fameux *William Pitt*, plus connu sous le nom de *Milord*

Chatham : le père et le fils ne se sont pas moins rendu. recommandables auprès de la populace anglaise par la haine qu'ils ont vouée au nom Français.

Saxe-Cobourg, prince et général Allemand, qui commandait les troupes Autrichiennes il y a quatre ans. Après avoir été battu plusieurs fois par nos Républicains, ce *grand Maître de l'Art* a mis promptement ses talens , sa réputation et sa gloire à couvert, en avouant qu'il n'entendait rien à la tactique de nos *Ecoliers militaires*.

(11) L'atteinte mortelle portée, sous la Convention, à la valeur des assignats, est la cause de la famine dépopulatrice que nous avons éprouvée ; elle est cause aussi de la ruine d'une moitié des citoyens, et sur-tout des malheureux rentiers. Gouvernement nouveau, c'est à toi de combler au plutôt l'abyme où nous ont jettés ces faillites multipliées, et où nous retient la disparution du numéraire. Non, la Patrie n'a pas juré l'inutile sacrifice de trois millions de ses enfans. Et pourquoi verserait-elle plus long-tems le poison de la douleur dans leur ame, et les laisserait - elle lentement expirer au milieu des horreurs de la faim, lorsqu'elle peut les arracher des bras de la mort et prolonger leur frèle existence ? Nous ne saurions trop le répéter; l'Égalité, si elle n'est pas un vain nom , veut que les enfans de la même famille soient traités de la même manière. Elle exige que leurs propriétés, bien que reposant sur différentes bases, soient aussi sacrées les unes que les autres, et par conséquent atteintes ou ménagées dans la même proportion : un fardeau dont le poid écrase une seule personne devient plus léger que la plume, quand il est porté par cent. Si chaque propriété était grévée à l'égal de celle du rentier, y aurait-il un seul Français réduit à mendier son pain ? Que le Législateur, le Gouvernant, le Ministre, le Propriétaire de terres ou de maisons, donne à l'État les trois quarts de son revenu, quand le rentier sacrifie les trois quarts du sien , voilà la justice, voilà l'égalité : toute autre n'est que violence ou spolia-

tion , et nos Législateurs ne sont pas faits pour user de ces moyens , ressources ordinaires des tyrans.

Le Gouvernement peut encore prendre diverses mesures pour adoucir le sort des infortunés dont il est ici question. La République a besoin de bras, elle a besoin de têtes ; par-tout elle demande des citoyens pour les occuper. Que les Chefs du pouvoir choisissent ceux des rentiers qui ont encore des têtes et des bras , et qu'ils les placent, suivant leurs talens et leur capacité, par-tout où ils pourront servir la chose publique. En faisant pour un tems , s'il est nécessaire, l'abandon de leurs revenus ; ces bons citoyens , la plûpart pères de famille, n'en béniront pas moins le Gouvernement paternel qui les aura sauvés de de la misère et de l'humiliation, cent fois plus insupportable encore.

(12) Résumons-nous. Envain depuis 14 siècles avons-nous cherché le bonheur sous les Rois ; ils n'ont cessé de le promettre, sans pouvoir jamais nous le donner ; ce bonheur est incompatible avec les vices qui régnaient à leur Cour. C'est pour en jouir sous la République que nous avons fait la révolution. Nous l'a-t-elle donné ce bonheur , objet de nos vœux les plus ardens ? Non. Est-ce la faute du regime actuel ? Gardons-nous bien d'adopter une idée aussi fausse en elle-même , que dangereuse dans ses conséquences. Cependant nous ne sommes rien moins qu'heureux ; et à qui la faute, sinon à nos chefs qui n'ont encore rien fait de tout ce qu'ils devaient faire pour nous conduire au port ? A qui la faute encore, sinon à nous-mêmes, qui, sous la république, conservons tous les travers , toutes les passions, tous les vices des royalistes les plus déréglés ? Avec la république, soyons républicains , et bientôt nous jouirons de ce bonheur qui consiste bien moins dans les formes que dans les vertus républicaines. Les excès du *jacobinisme*, *du vandalisme* , *du sans-culotisme*, du gouvernement révolutionnaire confié aux scélerats qui devaient seuls être soumis à son action ; les abus du pouvoir, l'abandon des principes, la violation des propriétés, l'oubli des droits de l'humanité ; voilà ce qui nourrit dans le sein de la République des milliers d'ennemis, plus dangereux peut-être que ces hordes d'esclaves et de barbares, dont elle a tant de fois triomphé.

Jettons-ici un coup-d'œil rapide sur tout ce qu'ont fait, pour le peuple, ses Représentans. Nos premiers legislateurs développent, à leur début, le plus grand caractère ; mais soudain effrayés de la hauteur de l'édifice majestueux qu'ils viennent d'élever, ils le dégradent et le défigurent en voulant le rabaisser : leur constitution formée d'élemens aussi hétérogènes que le républicanisme et le monarchisme, n'est qu'une pomme de discorde lancée au milieu de nous, qui nous enlève toutes nos espérances.

La *Législative*, toujours entravée dans sa marche, est si faible, qu'elle succombe sous le poids de sa charge ; à peine nous reste-t-il aujourd'hui la plus légère trace de de sa fugitive existence ; elle ne nous a point fait avancer d'un pas vers l'objet de nos impatiens desirs.

La *Convention* lui succède. Des hommes qui semblent n'avoir pour talent que l'esprit d'intrigue, pour caractère que des passions haineuses, pour génie qu'un fol enthousiasme, pour énergie que de la fureur ; des hommes dont la *majorité* ne rougit pas d'avouer qu'elle s'est laissé opprimer par une *minorité factieuse* ; de tels hommes, loin de nous conduire au but, devaient nécessairement nous entraîner dans l'abyme où ils nous ont précipités.

La quatrième législature qui les remplace, s'annonce sous les plus malheureux auspices. Ce n'est qu'en marchant sur les corps sanglans de plusieurs milliers de Français, qu'elle parvient à entrer dans le Sénat. Mais la Constitution en activité, le Gouvernement assis sur sa base, des chefs bien intentionnés à sa tête, tout semble nous promettre un changement heureux. Le ciel courroucé en ordonne autrement : la triple faillite du papier, l'anéantissement du crédit, du commerce et de la circulation, l'exécrable agiotage, le vol des domaines nationaux, la proscription des rentiers, la débauche la plus effrénée, l'effrayante démoralisation de toutes les classes du peuple, signalent la courte durée de ce corps législatif encore livré aux fureurs sourdes de la double faction meurtrière, dont nous venons de retracer les forfaits.

C'est dans ces tristes circonstances que la cinquième législature ouvre sa session. Nous donnera-t-elle enfin le bonheur ? Ne répondons de rien, mais espérons toujours. Puissent les nouveaux représentans, par nous bien choisis, se rappeller 1°. *qu'une Monarchie livrée à tous les vices, est moins dangereuse qu'une république corrompue.* Qu'ils s'occupent donc du soin de faire de nous, par la régénération de nos principes, de nos mœurs et de nos sentimens, un peuple vraiment républicain !

2°. *Qu'une Nation est toujours ce que ses chefs et ses gouvernans veulent qu'elle soit.* Qu'ils nous donnent donc toujours ces exemples imposans de vertus, qui enfantent à-la-fois les grands hommes et les grandes actions !

3°. Qu'ils se rappellent, *qu'un Etat n'est jamais plus malheureux que lors qu'il est gouverné par des hommes bornés, qui n'ont jamais que des demi-vues, et ne savent prendre que des demi-partis.*

4°. Qu'ils admettent enfin en principe, *que la paresse, l'ignorance et la précipitation sont des crimes dans ceux qui se chargent de balancer les destinées du peuple.* C'est alors que nous verrons ces législateurs magnanimes, incapables de ployer sous le faix de leur responsabilité, mériter notre estime et notre reconnaissance. Ils s'empresseront de créer ces sages institutions qui, établissant de continuels rapports de bienveillance du peuple au Sénat, et du Sénat au peuple, inspireront à tous les citoyens cet *esprit vivifiant de communauté*, bien plus fait pour les rapprocher du bonheur que *l'esprit destructeur de propriété*.

Bien que l'âge pèse sur notre tête, bien que les soucis et les chagrins aient affaibli nos sens, si nous voyons s'établir un si bel ordre de choses ; dans l'effusion de notre cœur tout brûlant de patriotisme, nous nous écrierons, aux pieds de la liberté triomphante : *la Royauté est abolie en France, elle ne se relevera jamais : vive éternellement la République* !

F I N.

Se trouve chez Deroy, Libraire, rue du cimetière Saint-André des Arcs, n°. 15.